MPPT 마음공부

마음을 공부해야 행복하다

김정호 지음

Σ 시그마프레스

마음을 공부해야 행복하다 : MPPT 마음공부

발행일 | 2021년 2월 25일 1쇄 발행

지은이 | 김정호
발행인 | 강학경
발행처 | ㈜ **시그마프레스**
디자인 | 고유진
편 집 | 김은실

등록번호 | 제10-2642호
주소 | 서울특별시 영등포구 양평로 22길 21 선유도코오롱디지털타워 A401~402호
전자우편 | sigma@spress.co.kr
홈페이지 | http://www.sigmapress.co.kr
전화 | (02)323-4845, (02)2062-5184~8
팩스 | (02)323-4197

ISBN | 979-11-6226-329-7

* 책값은 뒤표지에 있습니다.

들어가는 말

어떤 단톡방에나 좋은 말들을 쉽게 발견할 수 있다. 그러나 그것이 우리의 내면을 변화시키지는 못한다. 좋은 책도 많고 손 안의 스마트폰으로도 볼 수 있는 훌륭한 강연이 인터넷에 넘쳐난다. 그러나 그것을 보고 들어도 우리의 삶이 크게 바뀌지는 않는다. 잠시의 위로는 될 수 있고 잠시의 의욕은 줄 수 있지만.

안데르센의 동화 '성냥팔이 소녀' 이야기가 있다. 성냥 하나 켤 때마다 불꽃이 피어오른다. 그러나 성냥 하나로 얼마나 따뜻해질 수 있을까. 밤새 성냥을 켜도 소녀의 몸은 따뜻해질 수 없었다.

우리에게는 지속적으로 타오르는 불이 필요하다. 당장의 위로를 주는 힐링이 아니라 스스로 치유하고 행복을 만들어갈 수 있는 능력을 위해서는 내면을 알고 변화시키는 성장이 요구된다. 그러기 위해서는 내 마음의 특성을 잘 알고 다루는 지식과 기술을 배우고 익혀야 할 것이고 이런 배움과 익힘이 마음공부다. 이 책이 꾸준한 마음공부의 실천에 도움이 되기를 바란다.

차례

■ 들어가는 말   iii

제 1 부

마음공부

왜 마음공부인가   3
마음공부는 무엇인가   4
명상, 바르게 알고 하자   6
마음공부의 필요조건 : 성장동기   8
성공 vs 성장   9
마음공부의 때가 되었다   10

제 2 부

마음지식

동기상태이론   15
동기상태이론이란?   15
동기를 바로 알아야 한다 : 동기, 행복, 의미, 가치   16
마음공부와 동기상태이론   19
행복과 진정한 이기주의자   20

구성주의   21
구성주의란?   21
마음공부와 구성주의   23

마음공부와 코페르니쿠스적 전회   24
받아들임과 성장 : 게임하는 사람은 게임을 받아들인다   25

정보처리용량제한성   29

정보처리용량제한성이란?   29
청킹(chunking)과 자동화   30
기분일치성 효과   31
부정편향성과 지위편향성   32
정서적 예측의 오류   33
마음공부와 정보처리용량제한성 : 원죄와 복음   34

마음사회이론   36

마음사회이론이란?   36
마음공부와 마음사회이론   37
나는 누구인가   40
마음사회이론과 동일시 게임   42
관점   43
'기생충'과 '코로나'   45

제 3 부   명상   51

명상이란 무엇인가   51
명상은 어떻게 하나?   55
오감 명상   58
던킨 도너츠와 명상   63
모래병 명상   65
모래시계 명상   67
행위 명상   68
커피 한 잔의 명상   69
먹기 명상   70

마음기술

걷기 명상   73
행위 명상 : 늘 우리 곁에 있는 오아시스   75
행위 명상 도우미 : 포스트잇   78
요가 명상 : 5-아사나 요가   79
몸 명상   82
호흡 명상   84
열숨 명상   85
호흡 감각 : 몸이 주는 선물   87
생각하지 않아도 되는 권리   88
호흡 명상을 돕는 팁 : 호흡 먹기   90
'더 뭘 바래?!' : 명상을 돕는 웰빙인지   92
명상할 때 잡생각이 많다면   97

마음챙김   100

마음챙김이란 무엇인가   100
명상 vs 마음챙김   101
마음챙김 : 자기객관화와 심리치료   103
마음챙김 : 탈동일시와 깨달음   105
안으로 마음챙김과 밖으로 마음챙김   107
마음챙김 : 잊지 않음과 자기객관화   109
마음챙김 : 여러 용례   112
마음챙김명상   113
호흡 마음챙김명상 : 기본-나, 영점-나, 노바디-나, 에브리바디-나

                                                              115
명상과 마음챙김의 순서   116
'나는 누구? 여긴 어디?' 그리고 마음챙김   117
오뚝이와 '영점-나'   119
에고(ego)와 달걀(egg) 쥐기   121
마음사회이론과 마음챙김   122
에고(ego)와 마음공부(1) : 에고를 버려?   123
에고(ego)와 마음공부(2) : '그것'   123
일상의 마음챙김 : 중계방송   124
우두커니 마음챙김 : 지금-여기의 평화의 세계   126

스트레스 마음챙김   127

마음챙김과 모래병   129

정서지능(EQ)과 정서 마음챙김   131

명상을 하다가 가렵다면   132

'아, 찬스!'   135

SNS 마음챙김   136

긍정심리   139

긍정심리란 무엇인가 : 욕실의 곰팡이   139

기어를 걸고 엑셀을 밟아라   143

'나는 누구? 여긴 어디?' 그리고 긍정심리   143

'영점·나'에도 집착하면 안 된다   145

마음사회이론과 긍정심리   146

'배웠다!'   147

'뭘 바래?!' : 나에게   148

'뭘 바래?!' : 너에게   152

'뭘 바래?!'가 스트레스-웰빙관리에 도움이 되는 이유   155

정신화, 마음챙김 그리고 역지사지(易地思之)   156

정신화와 자비   159

가스라이팅과 자비   161

몸에게 친절하기 : 자기자비의 출발   164

자비기원   166

감사와 자비의 속말 및 자기대화   170

웰빙행동   171

통합 수행   173

1분 MPPT   173

마모-자모   174

열숨 미소 명상   176

호흡 명상과 마무리 자비기원   177

상생통렌 : 부모와 리더를 위한 상생통렌   178

상생통렌 수행 : 혼자에서 함께로   180

기다리는 시간의 수행 183

마음에 속지 말자 185

'황금박쥐' 부르기 186

유머 187

응용 : '미끼-먹이' 수행으로 스트레스-웰빙관리 189

반복되는 스트레스에서 벗어나자 189

스트레스의 이해 190

스트레스 관리 : '미끼·먹이' 192

마음의 곳간을 채우자 194

미끼 목록 195

미끼 먹이 불이(不二) 196

미끼를 물었을 때 살짝 놓자 197

먹이 목록 198

마음공부는 반복이 핵심이다 199

▪ 참고문헌 203

▪ 감사의 글 205

제 1 부

마음공부

왜 마음공부인가

마음공부를 하는 목적은 행복과 성장이다.

행복 : 우리는 누구나 행복을 원한다. 그런데 나를 모르고는 행복할 수 없다. 노력해서 좋은 학벌과 재산을 갖췄다고 행복해지지는 않는다. 학벌이 좋고 재산이 많아도 마음에 불만족이 있고 후회와 원망이 깔려 있으며 미래에 대한 걱정이 수시로 떠오른다. 생각보다 우리는 나를 잘 모른다. 내 마음이 어떤 특징이 있고 어떻게 작동하는지 잘 모른다. 마음을 알고 다스릴 줄 아는 능력이 있어야 행복할 수 있다.

성장 : 성장은 자기성장, 마음의 성장, 내면의 성장, 의식의 성장이라고 부를 수 있다. 성장은 마음에 대한 지식이 깊어지고 마음을 다루는 기

술이 향상되는 것이다. 마음의 성장이 있을 때 우리는 지혜로워지고 성숙해진다. 성장이 수반하지 않는 행복은 일시적이다. 지속 가능한 행복을 위해서는 성장이 필요하다. 당장의 위로를 주는 힐링이 아니라 스스로 치유하고 행복을 만들어갈 수 있는 능력을 위해서는 성장이 요구된다. 고기를 얻어먹는 것에서 벗어나 고기 잡는 법을 배우기 위해서는 성장을 해야 한다.

마음공부는 무엇인가

이 책은 마음챙김 긍정심리 훈련(Mindfulness & Positive Psychology Training, MPPT)(김정호, 2020)에 바탕을 둔 마음공부를 소개한다.

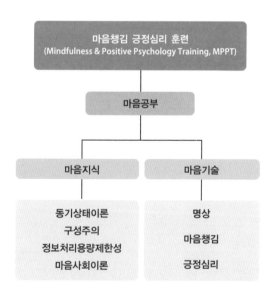

그림 1 MPPT 마음공부의 요점(김정호, 2020)

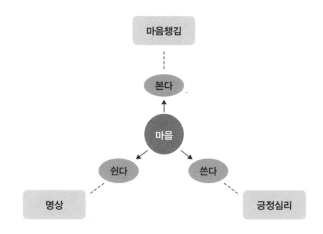

그림 2 MPPT 마음기술(마음수행법)의 유형 : 세 가지 기본유형(김정호, 2020)

MPPT의 마음공부는 마음지식과 마음기술을 배우고 익히는 공부다. 마음지식은 마음의 특징과 작동방식에 대한 지식이다. 마음지식은 크게 동기상태이론, 구성주의, 정보처리용량제한성, 마음사회이론으로 설명된다. 마음기술은 마음을 다루는 기술이다. 마음기술은 크게 세 가지로 나뉜다. 마음을 쉬는 기술인 명상, 마음을 보는 기술인 마음챙김, 마음을 쓰는 기술인 긍정심리. 이렇게 세 가지다. 요컨대 마음공부는 마음에 대한 지식을 배우고 마음을 다스리는 기술을 익히는 공부다.

 마음공부를 도식적으로 표현하면 〈그림1〉과 〈그림2〉와 같다. 그림을 통해 마음지식과 마음기술을 머릿속에 잘 넣어두면 마음공부 하는 데 도움이 된다. 우리가 무언가를 새로 배울 때 그 지식이 들어올 때 방이 없으면 들어왔다가 그냥 흘러나간다. 잃어버리게 된다. 그런데 공부한 것을 넣어둘 방이 있게 되면 차곡차곡 쌓아서 공부한 것들을 잃어버리지 않는다. 또 서로 잘 연결되게 된다.

명상, 바르게 알고 하자

최근에 명상에 대한 긍정적 인지도가 높아지면서 서로 다른 수행법이 모두 명상이라는 이름으로 불리는 경향이 있다. 심지어 '부자가 되는 명상', '성공을 위한 명상', '다이어트 명상'처럼 마음 수행법이라고 하기에는 상당히 세속적 목적을 갖는 곳에 명상이란 용어를 쓰기도 한다. '나는 배가 부르다. 나는 먹고 싶은 게 아무것도 없다'라며 주문을 외우는 것이 명상이라니… 또 명상을 한다는 친구들에게 어떻게 명상을 하고 있는지 물으면, 저녁에 가만히 눈 감고 앉아 하루 있었던 일을 정리한다고 말하기도 한다. 그 방법도 스트레스 관리로 좋을 수 있다. 하지만 그것도 명상이 맞을까? 명상이 유행하면서 명상이라는 용어의 오남용이 많아진 것 같다. 명상을 하는 목적도 다를 수 있고, 명상 방법도 다양할 수 있다. 하지만 명상을 좀 더 정확하게 알고 제대로 된 방식으로 하는 것도 중요하다.

이 책에서는 일반적으로 명상으로 불리는 것들을 마음을 다루는 기술의 유형으로 나눠서 각각을 이해하고 생활 속에서 배우고 익혀나갈 수 있도록 했다. 마음기술은 명상, 마음챙김, 긍정심리 등의 세 가지 유형으로 크게 구분되며, 마음기술을 익히는 훈련을 수행 혹은 마음수행(mind cultivation)이라고 부른다.

명상은 마음을 '쉬는' 마음기술이다. 보통 마음을 비운다고도 표현한다. 명상에는 호흡 명상, 몸 명상, 행위 명상 등 많은 유형의 명상이 포함된다. 마음챙김을 명상이라고도 하는데 명상과는 구분된다. 마음챙김은 마음을 쉬는 기술이 아니라 마음을 '보는' 마음기술이다. 마음챙김은 평소에도 훈련할 수 있지만, 고요히 마음을 쉬는 명상을 할 때도 마음챙김을 함께 수행할 수 있다. 따라서 명상을 하며 마음챙김을 하는 마음챙김 명상이 있기 때문에 마음챙김이 명상으로 혼동되기도 한다. 감사 명상, 죽음 명상, 자비 명상 등으로 불리는 수행법은 마음을 쉬는 마음기술이 아니라 마음을 '쓰는' 긍정심리의 마음기술이다. 감사 수행은 자신이 이미 가진 것, 충족된 것을 떠올리며 음미하듯 깊이 묵상하는 것이다. 생각을 비우는 명상 수행과는 다르다. 감사 수행은 우리의 마음을 긍정적으로 사용하는 긍정심리 수행이다. 죽음 수행은 우리의 삶이 유한하며 언젠가는 지구를 떠나야 한다는 것을 깊이 숙고함으로써 현재의 삶에서 불필요한 집착을 내려놓고 소중한 것에 집중하도록 돕는 수행으로 역시 마음을 긍정적으로 사용하는 긍정심리의 수행이다. 죽음에 대해 묵묵히 깊이 숙고하는 것이므로 '죽음 묵상'이라는 말이 어울린다. 자비 수행도 마음을 비우는 수행이 아니라 따뜻한 자비심으로 채우는 수행이다. 나를 향한 자기자비든, 타인을 향한 타인자비든 자비 수행에서는 대상을 향한 따뜻한 자비의 동기를 강화시킨다. 뇌파 측정에서도 마음을 쉬는 명상 수행과 마음을 쓰는 자비 수행은 매우 다른 모습을 보인다. 마음을 쉬는 명상 수행에서는 일반적으로 8Hz 미만의 낮은 빈도의 뇌파가 관찰되지만, 자비 수행의 경우에서는 30Hz가 넘는 높은 빈도의 뇌파를 보인다.

마음수행법을 명상, 마음챙김, 긍정심리 등으로 분명하게 구분하지 않음으로 인해 마음수행법의 연구와 교육에 불명료함과 비효율이 있는 것으로 보인다. 특히 마음챙김의 과학적 연구에 사용되는 마음챙김 척도에 명상의 요인과 마음챙김의 요인이 구분되지 않고 있다. 게다가 마음챙김 수행의 결과에 해당하는 요인이나 마음챙김을 도와주는 요인까지도 마음챙김의 특성을 측정하는 척도에 포함되어 있는 경우도 있다.

바른 연구와 교육을 위해 마음수행법에 대한 분명한 구분이 필요하다.

이 책에서는 명상, 마음챙김, 긍정심리의 마음기술을 제대로 배우고 익히는 데 도움이 되는 마음의 특징과 작동원리를 네 가지 마음지식(동기상태이론, 구성주의, 정보처리용량제한성, 마음사회이론)으로 나눠서 소개하고 있다. 마음기술을 먼저 읽으며 하나씩 실천하고 익혀나가도 된다. 그러나 마음지식을 먼저 읽고 이해하면 각각의 마음기술이 마음의 성장과 행복에 어떻게 연결되고 기여하는지 알 수 있어서 마음기술을 연마하는 동기를 강화시켜줌으로써 마음기술을 꾸준히 훈련하는 데 도움이 된다. 한편 명상, 마음챙김, 긍정심리의 마음기술을 양성하는 과정은 네 가지 마음지식이 깊이 체화되도록 돕는다. 이렇게 마음지식과 마음기술은 서로 순환적으로 돕고 보완하며 상승적 선순환을 가져온다. 마음지식과 마음기술을 함께 배우고 익히는 이것이 바로 마음공부다. 마음공부는 단순히 외부에서 주어지는 힐링이 아니다. 내가 주체적으로 내 마음을 공부하는 것이다. 마음공부를 함으로써 마음에 대해 바로 알고 마음을 잘 운용하는 기술을 연마함으로써 마음의 성장을 이뤄가는 것이다.

마음공부의 필요조건 : 성장동기

성장동기는 마음에 대한 지식을 깊게 하고 마음을 다루는 기술을 향상시키고자 하는 동기다. 따라서 성장동기가 있어야 마음공부를 할 수 있다. 성장동기가 확립되면 다음과 같은 것이 가능해진다.

1) 일시적 위안을 얻으려는 마음을 내려놓고 시간이 걸리더라도 내 마

음을 알고 다루는 지식과 기술을 배우고 익히게 된다.

2) 인간관계에서 어려움이 있지만 상대가 변화하기만을 기다리거나 가능하면 상대를 변화시키려고 하는 시도를 내려놓는다.

3) 주어진 어려움을 오히려 마음공부의 소재로 삼고 내면의 성장을 위한 기회로 여긴다. 삶의 모든 순간이 감사하게 느껴지기도 한다.

4) 마음의 특징과 작동원리를 자신의 생활 속에서 확인하고 마음기술을 적용하며 조금씩 기술치가 늘어나는 것을 즐거워한다.

5) 마음지식과 마음기술을 배우고 익힘으로써 나의 경험에 주도권을 갖고 바깥의 환경이나 사람들에 의해 일방적으로 경험이 일어나지 않도록 한다. 밖조건에 따라 자동기계처럼 분노, 우울, 불안 등을 나타내는 반응을 줄여나간다.

중요한 것은 성장동기를 종종 떠올리며 잊지 않는 것이다.

성공 vs 성장

성경의 빌립보서에 이런 말씀이 있다.

> 내게 능력 주시는 자 안에서 내가 모든 것을 할 수 있느니라. (빌 4:13)

이 말씀에서 능력은 일반적으로 세속적 의미의 능력으로 이해된다. 원하는 일이 있으면 절대자에 대한 믿음을 통해서 뭐든지 성취할 수 있고 성공할 수 있다는 의미로 인용되는 경우가 많다. 그러나 전후 맥락을 보면 이 말씀에서의 능력은 그와는 다른 의미로 사용되는 것으로 보인다.

내가 궁핍하므로 말하는 것이 아니니라. 어떠한 형편에든지 나는 자족하기를
배웠노니 (빌 4:11)

나는 비천에 처할 줄도 알고 풍부에 처할 줄도 알아 모든 일 곧 배부름과 배고
픔과 풍부와 궁핍에도 처할 줄 아는 일체의 비결을 배웠노라. (빌 4:12)

이와 같이 바울의 말씀은 절대자에 대한 믿음을 통해 어떠한 상황에
서도 자족할 수 있는 능력을 얻었다는 것이다. 세속적인 성공의 능력을
얻었다는 말씀이 아니다. 풍요로울 때뿐만 아니라 어려우면 어려움 속
에서도 편안하게 자족할 수 있는 능력을 얻었다는 뜻이다. 주어진 외부
조건을 마음대로 변화시켜 원하는 것을 얻을 수 있는 능력을 얻었다는
의미가 아니다. 그보다는 절대자에 대한 믿음을 통해 어떤 외부조건이
주어져도 마음을 다스려 자족할 수 있는 능력을 얻었다는 것이다. 마음
을 다루는 마음기술의 능력을 얻은 것이다.

마음공부의 목적이 세속적인 성공의 능력을 얻는 것은 아니다. 그보
다는 한 인간으로서 성장하는 것이다. 물론 성공과 성장이 늘 배타적인
것은 아니다. 성장의 능력이 있을 때 성공이 함께 할 수 있으며, 성장의
능력이 함께 할 때 성공은 공허하지 않을 것이다. 초점은 성장이다. 내
마음의 성장, 내 인격의 성장, 내 영혼의 성장, 그런 성장에 초점을 두
는 것이 마음공부의 목적이다.

마음공부의 때가 되었다

이번 코로나19 사태는 중국에서 시작되었지만 우리나라를 포함해서 지
구 전체에 막대한 영향을 주고 있다. 많은 인명피해를 내고 경제적으로

큰 타격을 입히고 있다. 대다수 사람들은 사회적 거리두기로 일상이 크게 제약받고 있다.

아직 끝나지는 않았으나 코로나19 사태가 종식되고 나면 인간의 삶이 크게 달라질 것으로 각 분야의 전문가들이 전망하고 있다. 대부분은 경제적인 변화에 대한 언급이다. 그러나 이번 코로나19 사태는 우리 자신과 우리의 삶을 깊게 성찰하고 근본적으로 변화하기를 요구하고 있다.

그동안 인류는 앞만 보고 달리는 경주마처럼 달려왔고 지금의 놀라운 물질문명을 이루었다. 그 원동력은 인간의 이기심과 자본주의의 결합이었다. 손해를 최대한 줄이고 이익을 최대한 늘리려는 이기적 욕구는 무제한의 보상을 받아왔다. 좋은 물건과 서비스를 조금이라도 싸게 만들어서 공급하면 돈을 번다. 그 결과 지구 환경은 황폐해지고 야생동물의 서식지가 파괴되면서 수많은 미지의 바이러스에 노출되었다. 사스와 메르스에 이어 이번 코로나19는 인류가 지금까지의 삶의 방식을 바꾸지 않는다면 대재앙을 맞게 될 것이라는 경고다.

자본주의는 인간의 욕망을 끝없이 부추긴다. 끝을 모르는 인간의 욕망을 채우기 위해 아마존 밀림이 사라지고 있고, 북극 빙하가 녹고, 강과 바다와 공기가 오염되고 있으며, 오존층이 파괴되고, 온실가스로 인한 지구온난화가 심각해지고 있다. 닭, 돼지, 소는 소비자에게 더 싸게 더 많이 공급되도록 '공장식 축산'으로 몸을 움직일 수도 없는 닭장과 우리에 갇혀 성장호르몬과 항생제를 투여받고 있다.

이기심(利己心)이란 결국 나 자신을 아끼고 이롭게 하며 손해되는 일을 하지 않으려는 것 아닌가. 그런데 무엇이 나에게 이롭고 무엇이 나에게 손해되는 일일까? 값싸게 많이 취하면 좋은 것인가? 오염된 바다에서 자란 물고기를 먹는 것이 우리가 원하는 것인가? 가축에게 가하는 비윤리적 고통은 고사하고 성장호르몬과 항생제가 범벅된 고기를 섭취하는 것이 우리 건강에 유익할까? 싸게 공급되기 때문에 식욕에 대한 조절 없이 몸이 필요로 하는 양보다 더 많은 고기를 소비하고 결과적으로 불건강을 얻는 것이 우리에게 이로운 것일까? 우리는 과연 무엇을 바라며 살고 있는가?

나에게 이로운 것(利)을 생각함에 있어서 나는 나를 잘 아는가(己)? 나는 어떤 존재인가? 우리 모두는 지구에서 시한부 삶을 산다. 한 번 왔으면 언젠가는 떠나야 한다. 어떤 생각을 하며 무엇을 추구하며 살다 갈 것인가? 무엇이 참으로 나를 위하는 삶인가? 값싸게 더 많은 소비를 통해 충족시키는 나의 물질적 욕구는 맑은 공기를 숨 쉬고 깨끗한 물을 원하는 나의 건강의 욕구보다 더 중요한가? 법의 테두리 안에서 각자가 소아(小我)적 이기심을 최대한 발휘하는 신자유주의의 무한경쟁 속으로 내몰리는 '피로사회'가 우리가 진정으로 원하는 사회인가? 그 속에서 소외되고 있는 우리 내면의 소중한 욕구는 없는가?

이번 코로나19 사태를 통해 우리 인간은 나 자신을 돌아봐야 한다. 다양한 욕구와 생각을 일으키는 내 마음이 어떻게 작동하는지 알아야 한다. 그리고 내 욕구, 내 생각, 내 감정이라고 하지만 내 맘대로 되던가. 공부하지 않으면 안 된다. 밖의 세계를 알고 다루는 공부 못지않게 내 안의 마음 세계를 알고 다루는 마음공부를 해야 한다. 내 마음의 이해와 관리 능력 없이 외부세계를 파악하고 다루는 능력만 늘어난다면 어린아이에게 점점 더 날카로운 칼이 쥐어지는 것과 같다. 2,500년 전에 소크라테스는 '너 자신을 알라.'고 가르쳤고 붓다는 마음을 바라보는 '마음챙김'을 지도했으며 공자는 수신(修身)을 강조했다. 이번 코로나19 사태를 계기로 인류 역사의 물줄기가 바르게 잡혀나가기를 희망해본다.

제 2 부

마음지식

동기상태이론

동기상태이론이란?

인간의 경험은 크게 쾌와 불쾌로 나눠지며 누구나 이고득락(離苦得樂), 즉 불쾌를 피하고 쾌를 얻으려고 한다. 인간의 불쾌와 쾌를 설명하기 위해 심리학에서는 각각을 스트레스와 웰빙으로 나타낸다.

　스트레스와 웰빙을 설명하는 방식은 많다. 동기상태이론에서는 스트레스와 웰빙을 동기로 설명한다. 동기는 욕구, 욕망, 갈망, 열망, 욕심, 의도, 꿈, 비전, 소명, 서원 등 다양한 이름으로 불릴 수 있지만 기본적으로는 바라는 상태, 즉 목표와 그 목표를 이루거나 유지하고자 하는 추동력의 두 가지 요소로 이루어진다(김정호, 2006, 2020). (이 책에서는 일상생활에서 많이 사용되는 '욕구'라는 용어를 '동기'라는 말과 함께 번갈아가며 사용한다.) 동기상태이론에서는 스트레스와 웰빙을 동기의 상태로 본다. 스트레스는 동기가 좌절 또는 좌절이 예상되는 상태이고 웰빙은 동기가 충족 또는 충족이 예상되는 상태다. 이를 도식적으로 표현하면 〈표 1〉과 같다.

▎ 표 1 동기상태이론에 따른 스트레스와 웰빙의 정의

스트레스	웰빙
동기 좌절	동기 충족
동기좌절 예상	동기 충족 예상

독자 여러분도 한번 생각해보시기 바란다. 여러분이 경험하는 스트레스(고통이라고 해도 좋음) 중에 여러분의 욕구가 관여되지 않는 스트레스가 있는지, 또 여러분이 경험하는 웰빙(즐거움이라고 해도 좋음) 중에 여러분의 욕구가 빠져 있는 웰빙이 있는지 말이다.

동기를 바로 알아야 한다 : 동기, 행복, 의미, 가치

동기를 바로 알기 위해 먼저 나의 동기는 하나가 아니라는 점을 분명히 해야 한다. 나는 여러 동기를 가지고 있다. 그러나 나의 시간과 자원은 유한하므로 어떤 동기를 먼저 충족시킬지 순서를 잘 정해놓아야 한다. 또 동기들 중에는 서로 갈등적인 관계를 갖는 경우도 있다. 잘 조정할 줄 알아야 한다.

생물학적 동기(먹기, 마시기, 잠자기 등과 관련된 동기)는 누구에게나 기본적이며 필수적인 동기다. 음식과 물이 공급되지 않거나 잠을 못 자게 되면 살 수가 없으므로 누구나 주기적으로 충족시켜야 하는 동기다. 심리적 동기 중에도 기본적이고 필수적인 동기가 있다. 사람들과 친밀한 관계를 갖는 관계의 동기, 자신의 일을 스스로 결정할 수 있는 자율의 동기, 자신이 하는 일에서 능력이 증진되는 유능의 동기 등이 여기에 속한다. 이것이 충족되지 않는다고 금방 죽는 것은 아니지만 삶에 생기가 없고 심리적으로는 죽은 삶이다.

여기서 중요한 것은 동기를 조화롭게 충족해야 행복하다는 것이다. 학교에서 공부를 잘하면 유능의 동기가 충족되는 삶이다. 그러나 관계의 동기가 제대로 충족되지 않는다면 행복한 삶이라고 할 수 없다. 돈을 많이 벌어도 다른 사람이 시키는 일만 해야 한다면 행복하지 않다. 학교 공부는 못해도 다른 일에서 유능할 수 있다. 세상에는 수많은 직업이 있다. 각 직업에서 자신의 능력을 키워가며 유능의 동기를 충족시킬 수 있다.

여기서 의미와 가치가 중요해진다. 동기는 위계적으로 구성되는데 가치는 동기의 위계 중 상위에 있는 동기의 목표다. 어떤 목표가 상위동기의 목표가 되는지 결정하는 데 의미가 관여한다. 의미는 발견한다고도 할 수 있지만 스스로 부여하는 것으로 볼 수 있다. 자신의 삶에서 어떤 것이 중요한지 분명히 아는 것이 행복에 필수적이다. 만약 지구에 태어나서 큰일이든 작은 일이든 사람을 돕는 일을 하는 것을 가치 있게 의미부여를 한다면 사람을 돕는 일을 할 때 만족스럽고 보람을 느낄 수 있을 것이다. 그런데 세상 직업 중에 다른 사람을 돕지 않는 직업이 있는가. 그런 직업은 없다. 모든 직업은 다른 사람을 위한 일이다. 음식점은 사람들에게 음식을 제공한다. 안경점은 사람들이 세상을 더 잘 볼 수 있게 안경을 제공한다. 공장에서 일하는 사람은 물건을 만들어 사람들이 쓸 수 있게 해준다. 영업일을 하는 사람은 물건을 필요한 사람에게 제공한다. 이 모든 과정에서 돈을 번다. 만약 돈을 버는 것만을 자신의 동기로 삼는다면 사람을 돕는다는 동기는 충족시키지 못하는 것이다. 자신의 일에 대한 의미부여는 자신의 일을 가치 있게 만들고 행복을 가져온다.

가치와 관련해서 한 가지 더 언급할 것이 있다. 가치는 한 번의 충족으로 끝나는 것이 아니라 끊임없이 추구하는 것이 되어야 한다. 여기서 동기의 활성화에 대해 알아보자.

동기는 활성화될 때 충족이나 충족 예상 혹은 좌절이나 좌절 예상을 경험한다. 동기는 한 번 충족되고 나면 비활성화된다. 특히 생물학적 동기는 한 번 충족시키면 비활성화되어 충족시키는 행동을 멈추게 된다. 음식을 배부르게 먹고 나면 더 이상 먹고 싶은 동기가 일어나지 않는다. 더 먹으라고 하면 오히려 즐거움이 아니라 고통이다. 그러나 시간이 지나면 먹기 동기는 다시 활성화되고 맛있게 음식을 먹을 수 있게 된다.

심리적 동기도 활성화가 중요하다. 그런데 심리적 동기는 생물학적 동기처럼 반복되지 않고 한 번의 충족으로 끝이 나기도 한다. 예를 들어, 교사가 되는 것이 꿈이라면 임용고시에 합격해서 교사가 되고 나면 더 이상 꿈이 없어지게 된다. 그래서 상위목표로서의 가치는 한 번의 충족으로 끝나는 것이 아니라 끊임없이 충족할 수 있는 것이 되어야 한다.

훌륭한 교사가 되는 것을 가치로 삼는 사람의 동기는 끊임없는 충족 과정에 있게 된다. 훌륭한 교사가 되는 것에는 많은 하위목표들로 이루어진 동기들이 속하게 된다. 여기에는 학생들과 따뜻한 관계를 맺는 것도 포함될 것이며 이러한 관계 동기는 주기적으로 활성화와 비활성화의 끊임없는 순환 속에서 충족을 경험하게 해준다.

마음공부와 동기상태이론

동기상태이론을 통해 우리는 내가 행복하기 위해서는 나의 동기를 잘 알아야 함을 알 수 있다. 나의 동기, 특히 동기 간의 위계적 관계를 잘 파악해야 한다. 뿐만 아니라 동기를 잘 만들어가야 한다. 동기 간의 위계도 마찬가지다. 이 작업은 한 번에 끝나는 일이 아니다. 생활 속에서 자신을 돌아볼 수 있어야 하고 때로는 오랜 세월과 함께 마음에 강하게 뿌리를 내린 불건강한 동기를 다스리는 것도 필요하다. 건강한 동기를 새로 확립하고 키우는 것도 빠뜨리면 안 된다.

마음챙김은 마음을 보는 마음기술로, 내 마음 안의 동기를 파악하는 데 도움이 된다. 명상은 마음을 쉬는 마음기술로, 오래된 불건강한 동기의 힘을 약화시키는 데 도움이 된다. 긍정심리는 마음을 쓰는 마음기술로, 건강한 동기를 확립하고 강화시켜준다. 이것은 불건강한 동기의 힘을 약화시키는 데도 기여한다.

때로 죽다 살아나는 경험을 하는 사람들이 있다. 죽을병에 걸렸다가 회복한다거나 사막 한가운데서 무장 강도를 만났다가 구사일생으로 살아나기도 한다. 이런 사람은 종종 그 전과는 매우 다른 삶을 산다. 주말도 없이 일하기보다는 가족이나 가까운 사람들과의 관계를 더 중시하고 이들과 더 많은 시간을 보낸다. 사람들에게 훨씬 관대해지고 다른 사람들을 돕는 것에 더 큰 가치를 부여하기도 한다. 어떻게 그렇게 짧은 기간에 사람이 180도 바뀌는지 신기하기도 하다. 그러나 그렇게 극적인 경험은 아니더라도 매일 매일의 마음공부를 통해 우리 자신을 이해하고 자신의 삶에서 중요한 동기가 무엇인지 알고 동기의 위계를 재조정하며 훨씬 더 만족스러운 삶을 살 수 있다.

행복과 진정한 이기주의자

마음공부에서 행복을 추구한다고 했다. 우리가 행복을 추구할 때 이기주의자가 되지 말라는 말을 하기도 한다. 너무 자기만을 위하지 말라는 뜻이다. 그런데 진정한 이기주의자는 어쩌면 이기주의자라고 부르지 않을지도 모른다. 이기(利己)라는 것이 무엇인가? 나를 이롭게 하는 것이 이기(利己)아닌가. 문제는 무엇이 나를 행복하게 하는지, 무엇이 나를 이롭게 하는지 잘 모른다는 것이다. 가장 큰 이유는 우리가 나를 잘 모르기 때문이다. 내가 뭘 바라는지 잘 모른다. 나에 대해서 잘 모르고 또 관련해서 무엇이 나를 이롭게 하는 줄 모르니까 우리가 진정으로 우리 자신을 행복하게 하기 어려운 것이다. 마음공부에서는 나를 앎으로써 행복해질 수 있는 길을 찾자는 것이다. 나를 모르고는 나를 행복하게 할 수 없다. 내 마음의 특징이 무엇이며 작동방식이 어떠한지 알아야 나를 행복하게 할 수 있다. 나는 무엇을 바라나? 나는 나에게 무엇을 바라나? 또 내 주변 사람에게, 내 부모님에게, 내 형제에게, 내 친구에게, 내 배우자에게, 직장동료나 상사 혹은 부하직원에게 나는 무엇을 바라나? 사회에는 무엇을 바라나? 잘 알아야 한다. 지혜로운 이기주의자, 현명한 이기주의자가 되어야 한다.

구성주의

구성주의란?

동기상태이론에서 우리가 경험하는 스트레스와 웰빙의 경험이 동기 때문에 가능하다는 것을 알 수 있었다. 즉 나의 내적 조건(안조건)이 없다면 스트레스와 웰빙의 경험은 없다고 하겠다. 여기서 더 나아가 우리의 경험은 외부 조건(밖조건)에 의해서 일방적으로 주어지는 것이 아니라 나의 안조건이 관여해서 만든다는 구성주의를 소개하고자 한다.

앞에서 동기와 관련해서 의미를 부여하고 가치를 확립하는 것이 중요함을 봤다. 의미를 부여하고 가치를 확립하는 것은 인지의 작용이다. 인지는 사고방식, 인지 전략, 인지 내용, 판단, 추론, 이해, 믿음, 기억, 계획, 상상, 문제 해결 등의 심리적 기능을 포함하는데 사고과정을 통해 형성된 다양한 지식과 신념을 뜻하기도 한다(김정호, 2020a). (이 책에서는 일상생활에서 많이 사용되는 '생각'이라는 용어를 '인지'라는 말과 함께 번갈아가며 사용한다.) 이렇게 인지는 동기의 확립에 중요한 역할을 한다.

인지는 또한 동기의 상태를 결정짓는 데도 크게 관여한다. 코로나 사태로 기업에서의 강의가 끊긴 강사는 동기좌절의 스트레스를 경험할 것이다. 언제 끝이 날지 모르는 코로나 사태로 동기좌절 예상의 스트레스도 경험하며 고통스러울 수 있다. 그러나 비대면 강의를 개발하고 온라인 강의 기술을 배우며 강사로서의 역량을 키우면서 강의시장을 새롭게 개척하게 되면 동기충족과 동기충족 예상의 웰빙을 경험하게 될 것이다. 동일한 밖조건의 상황에서도 적절한 인지의 사용은 스트레스의 동기상태를 웰빙의 동기상태로 바꿀 수 있는 것이다.

여성들이 폐경기를 겪으면서 더 우울해진다고 생각하는 사람들도 있지만 실제로는 그렇지도 않다. 실제 중년 여성들을 조사했는데 폐경 후에 우울 증상이 증가하거나 감소했다는 증거는 없었다(Myers, 1992). 폐경 자체보다 폐경에 대한 태도가 폐경의 영향력을 좌우하는 것 같다. 폐경을 생리의 불편으로부터 자유로워지고 임신에 대한 염려로부터 벗어날 수 있는 것으로 볼 수도 있는 것이다.

인지는 동기의 상태를 지속하는 데도 중요한 역할을 한다. 이미 끝난 동기좌절의 스트레스를 계속 곱씹으며 반추하게 되면 스트레스의 기억이 장기기억의 창고로 들어가지 못하고 계속 의식공간에 머물게 된다. 결국 생각으로 스트레스의 고통을 연장하고 있는 것이다. 반면에 이미 충족된 동기도 간간이 떠올리며 감사의 마음과 함께 음미하게 되면 웰빙의 행복이 지속하게 된다.

마음공부와 구성주의

모든 살아있는 생물은 동기를 가지며 그에 따라 스트레스와 웰빙을 경험한다. 그런데 유독 인간은 인지에 의해 동기 자체가 형성되기도 하고 동기의 상태가 결정되기도 한다. 동물들은 태어나면서부터 갖게 되는 기본적인 동기를 가지고 산다. 인간처럼 동기가 복잡다단하지 않다. 상황에 대한 해석이라고 할 만한 것도 별로 대단하지 않다. 그러나 인간은 인지로 동기를 만들고 그것에 따라 스트레스와 웰빙을 경험한다. 또 동기의 상태도 인지에 의해 영향을 받는다. 특히 동기좌절 예상이나 동기충족 예상은 인지를 사용하는 인간의 독특한 특징이다. 인지 기능으로 동기충족 예상의 웰빙을 경험하기도 하지만 동기좌절 예상도 인지 기능 때문에 가능하다.

인지 기능, 즉 생각을 잘 다루기 위해서는 생각을 쉬는 명상의 마음기술이 도움이 된다. 특히 명상을 통해 끊임없이 동기좌절이나 동기좌절 예상을 일으키는 부정적으로 돌아가는 생각을 멈추는 마음기술을 연마한다. 마음을 보는 마음챙김의 마음기술은 생각이 어떻게 작용하고 있는지를 분명하게 볼 수 있는 능력을 배양하게 해준다. 욕구와 생각이 작용하는 모습을 있는 그대로 볼 수 있음으로 해서 그것들의 영향력으로부터 벗어나게 해준다. 또한 바른 욕구와 생각을 사용하는 긍정심리의 마음기술을 통해 마음에 건강한 욕구와 생각을 기를 수 있다. 특히 긍정심리의 다양한 마음기술은 동기와 인지를 자유롭게 사용하는 기술로서 스트레스를 줄이고 웰빙을 증진하는 방법들이다.

마음공부와 코페르니쿠스적 전회

마음공부를 하려는 사람은 코페르니쿠스적 전회(轉回, Copernican Revolution)가 필요하다. 태양이 지구 주위를 돈다는 천동설(天動說)에서 지구가 태양 주위를 돈다는 지동설(地動說)로 바뀌는 것처럼 자신의 경험에 대한 인식에 있어서 큰 전환이 있어야 한다.

경험은 크게 스트레스(고통)와 웰빙(즐거움)으로 나눌 수 있는데 우리는 일방적으로 밖조건(주변사람들, 사건들 등)에 의해 경험이 발생하는 것으로 믿는 경향이 있다. 마치 우리가 사는 지구는 가만히 있는데 하늘의 태양이 돈다고 믿는 것처럼 나는 가만히 있는데 외부에서 주어지는 자극이 경험을 일으킨다고 믿는다. 그러나 마음공부를 하는 사람은 경험은 밖조건만이 아니라 그것을 받아들이는 나의 안조건(동기, 인지, 행동 등)에 의해 만들어진다는 구성주의를 믿는다. 이것은 천동설에서 지동설로 바뀌는 것과 같은 인식의 전환이다.

구성주의를 믿게 되면 나의 경험에 내가 책임과 주도권을 갖게 된다. 나의 경험, 특히 스트레스 경험에 대해 오로지 밖조건만을 탓하는 것이 감소하게 된다. 무엇보다 나의 안조건을 돌아보고 안조건의 변화를 추구하게 된다. 나의 안조건의 특성을 이해하고(마음지식) 다루는 기술(마음기술)을 양성하는 것이 바로 마음공부다.

마음공부를 하면 나의 내면이 건강해지고 성장하므로 마음공부를 하고자 하는 동기를 성장동기라고 부른다. 성장동기를 갖추게 되면 스트레스를 경험하게 될 때 안조건의 긍정적 변화를 가져오게 함으로써 오히려 웰빙을 만들어내고 스트레스는 감소시키게 된다. 또한 안조건을 이해하고 다루는 능력이 향상되면서 평소에도 능동적으로 웰빙을 만들어내게 된다. 무엇보다 성장동기가 있는 사람에게는 마음을 이해하고 다루는 능력이 증진되는 것 자체가 웰빙이 된다.

경험(스트레스, 웰빙)에 대한 인식에 있어서 코페르니쿠스적 전회가 있을 때 성장동기를 확립할 수 있고 그 결과 삶 속에서 마음의 특성에 대한 이해가 증진되고 마음을 다루는 능력이 향상되는, 내면의 성장을 이루게 된다. 마음공부를 통해 내면의 성장을 이루고자 한다면 무엇보다 경험이란 나의 안조건이 중요하게 작용해서 만들어지는 것이라는 인식의 코페르니쿠스적 전회가 있어야만 한다.

받아들임과 성장 : 게임하는 사람은 게임을 받아들인다

게임하는 사람은 게임에 저항하지 않는다. 게임이 어렵다고 게임의 진행을 자기 마음대로 바꾸고 고치려는 생각을 하지 않는다. 기본적으로 주어진 게임을 받아들인다. 게임에서 번번이 지더라도 자꾸 게임을 하면서 나름 연구를 하고 실력을 쌓아 게임의 기술치를 늘리며 재미를 느낀다. 게임의 목적은 뭘까? 게임에서 이기고 점수를 높이고 미션을 완수하는 것이 게임의 목적일까? 아니다. 그렇다면 사람들은 쉽게 이기고 점수를 높이며 어려움 없이 미션을 완수하는 게임을 할 것이다. 하지만 그렇게 쉬운 게임에서 누가 재미를 느끼겠는가. 게임하는 사람이 게임을 하는 것은 게임을 하는 과정 자체가 목적이다. 어려운 상황을 극복하고 기술치를 늘리며 한 단계씩 올라가는 과정 자체를 즐기는 것이다.

게임이라고 할 때 일반적으로 생각하는 인터넷 게임만이 아니라 스포츠도 그렇다. 높은 산 정상에서 스키를 타고 내려가는 사람은 산 아래에 도착하는 것이 목적일까? 그렇다면 누군가 헬리콥터에 매달고 빠르게 하산시켜주면 그 사람에게 고마워할 것이다. 그러나 그럴까? 정신 나간 사람이 아니라면 그런 상황에서 고마워하기는커녕 크게 화를 낼 것이다. 스키를 타고 산꼭대기에서 내려오는 것은 산 밑으로 내려오기 위해서가 아니라 내려오는 과정을 즐기기 위해서다. 스키를 타는 사람은 스키장을 뜯어 고치려고 하지 않는다. 그는 자신이 입장한 스키장에서 최대한 자신의 실력을 늘리며 스키 타기를 즐길 뿐이다.

인생을 게임에 비유하는 경우가 종종 있다. 바둑의 일정한 경지에 오른 사람은 인생이 바둑과 같다고도 한다. 인생이 게임과 같다면, 우리가 인생이라는 게임에 참가한 사람이라면 우리는 어떤 자세로 인생에 임해야 할까? 인생에 임하는 가장 기본적인 자세는 '받아들임'이다. 게이머는 게임에서 주어진 상황을 받아들인다. 게임에서 만나는 상황을 탓하지 않는다. 그보다는 맞닥뜨리는 조건을 다루는 '기술치'를 늘리며 그 과정을 즐긴다. 바둑 두는 사람은 상대의 수를 비난하지 않는다. 비록 어려운 수가 나와도 그것을 다루는 자신의 능력을 늘려가며 그 과정을 즐긴다. 삶에서도 마찬가지다. 힘든 상황을 만나거나 정말 싫은 사람과 같이 일을 하게 됐을 때 '받아들임'이 필요하다. 주어진 조건을 비난한다고 바뀔 것은 없다. 오히려 자신의 마음만 더 고통스러워진다. 붓다께서는 두 번째 화살을 맞지 말라고 했다. 마주친 어려운 상황이 첫 번째 화살이라면 그것을 받아들이지 못하고 저항하는 것은 두 번째 화살로 더 큰 고통을 가져온다. 첫 번째 화살이 밖에서 날아온 화살이라면 두 번째 화살은 자기 스스로 자신에게 쏘는 화살이다.

2020년 4월의 총선 이후 모 신문사 기자로부터 사회현상에 대한 자문을 구하는 전화를 받은 적이 있다. 총선 이후에 여당인 더불어민주당이 압승을 하고 야당인 미래통합당이 참패를 한 것 때문에 울분을 느끼는 노인들이 많다는 것이다. 주로 선거부정이나 음모론에 관한 정보를 찾아보며 분통을 터뜨린다고 한다. 또 여당을 지지하는 자식들과는 얘기도 하기 싫고 심한 우울감을 느낀다는 것이다. 기자에게 이런 얘기를 해주었다. 불이 나면 우선 최선을 다해 불을 꺼야 한다. 화재의 원인이 무엇이고 누가 불을 냈는지를 따질 때가 아니다. 그런 것은 일단 불을 끄고 나서 차분하게 다루어야 한다. 자신의 마음에 감정의 불이 일어났는데 불을 일으킨 원인을 비난만 하고 있다면 그것은 감정의 불에 기름을 끼얹는 것과 같다. 불은 더 크게 번져갈 것이고 나중에는 스스로도 어쩌지 못하는 상황까지 갈 것이다. 우선 불이 일어난 상황을 인정해야 한다. 받아들여야 한다. 그리고 자신의 마음을 다스려야 한다. 마주하게 된 상황을 변화시키려고 해도 우선은 평정심을 찾을 수 있어야 한다. 남의 마음은 몰라도 자신의 마음은 스스로 다스릴 수 있어야 한다. 그래야 차분하게 상황도 변화시켜 나갈 수 있을 것이다.

앞의 글에서 마음공부를 하려는 사람은 천동설의 믿음에서 지동설의 믿음으로 바꾸는 '코페르니쿠스의 전회'가 필요하다고 했다. 나의 경험은 밖에서 일방적으로 주어지는 것이 아니라 내가 관여해서 만든다는 '구성주의'를 받아들이는 것이다. 고통스러운 경험을 하고 있다면 적어도 절반은 내 마음이 개입해서 만든 것이다. 고통을 제거하거나 감소시키기 위해 외부 상황을 바꿀 수도 있지만 우선은 고통의 원인을 내 안에서 찾아본다. 지금의 고통을 만드는 데 기여한 나의 욕구, 생각, 행동 등은 무엇인지 바르게 이해하는 지혜를 양성하고 필요하다면 그것들을 변화시키는 마음기술의 기술치를 늘리는 마음공부를 한다. 이때 무엇보다 중요한 것은 삶에서 무엇이 중요하며 무엇을 추구하며 살아야 하는지, 즉 나의 욕구에 대한 바른 이해이다. 그리고 주어진 외부 상황을 다루는 데 필요한 역량을 기르며 적합한 행동을 실천하면 좋다.

　게임하는 사람은 게임을 바꾸려고 하지 않는다. 비난하지도 않는다. 다만 주어진 조건을 수용하며 마주한 상황을 타개하기 위해 자신의 실력을 양성한다. 인간은 살면서 크고 작은 여러 어려움을 만나게 된다. 그 속에서 자신의 마음을 이해하고 다루는 마음지식과 마음기술을 향상시켜나가는 마음공부를 할 수 있다. 그 과정에서 마음을 알고 다루는 마음지식과 마음기술이 증진되는 '성장'을 하게 되고 그 과정에서 '행복'을 느끼는 것이다. 물론 이렇게 성장하는 성숙한 마음은 외부환경도 슬기롭게 개선시켜 나갈 것이다.

정보처리용량제한성

정보처리용량제한성이란?

정보처리를 위해서는 주의를 보내야 하는데 주의는 정신자원의 배분 (allocation of mental resources)으로 정의된다. 정신자원을 하나에 집중해서 투입할 수도 있고 한두 가지에 나눠서 사용할 수도 있다. 걸으면서 대화를 나누는 것은 걷는 일과 대화를 나누는 일에 정신자원을 나눠서 사용하는 것이다. 그런데 한 번에 동원할 수 있는 정신자원이 제한적이기 때문에 주의를 여러 곳에 나눠서 사용하기는 어렵다. 대화를 나누며 걷다가도 중요한 얘기가 나오면 발걸음이 멈춰지고 중요한 얘기에 집중하게 되는데 이것은 중요한 얘기에 대한 정보처리를 위해 정신자원이 거의 다 투입됐기 때문에 걷는 일에 투입할 정신자원이 모자라기 때문이다.

정보처리용량제한성이란 인간의 경험은 정보처리를 통해 만들어지는

데 정보처리의 용량이 제한적이라는 의미다. 정보처리의 용량이 제한적이라는 것은 한 번에 동원할 수 있는 정신자원의 양이 제한적이라는 것이다. 그 결과 의식공간이라고 부를 수 있는 인간의 작업기억의 크기는 일반적으로 7±2라고 말한다. 쉽게 말해서 전화번호 숫자 7개까지는 담을 수 있어서 한 번 듣고 따라 하는데 문제가 없지만 그보다 많아져서 9개를 넘어가게 되면 따라 하기가 어려워진다.

지금 왼발에 주의를 보내보기 바란다. 왼발을 느낄 수 있을 것이다. 아마 조금 전까지는 왼발을 느끼지 못했을 것이다. 책을 읽으며 이해하는 일에 거의 모든 주의가 사용됐기 때문이다. 왼발을 느끼는 동안에는 책을 읽는 작업이 잠시 멈춰졌을 것이다. 이렇게 우리의 정보처리용량이 제한되어 있어서 한 번에 여러 곳에 주의를 보낼 수가 없다.

이렇게 제한된 정보처리용량을 극복하기 위해 인간은 다음과 같은 방식으로 진화했다.

청킹(chunking)과 자동화

위에서 7±2라고 언급한 작업기억의 용량은 그 단위가 청크(chunk)다. 낱낱의 요소라기보다 요소들의 묶음이라는 것이다. 숫자의 경우에도 숫자들이 의미 있게 연결되어 묶이면 청크가 된다. 예를 들어서 1958은 나의 출생년도이기 때문에 따라 해야 할 숫자에 1958이 연속적으로 주어지면 1958은 나에게 다섯 개의 숫자가 아니라 한 개의 청크가 되는 것이다. 이렇게 청크를 만드는 과정을 청킹이라고 한다. 공부를 할 때 이해를 중시하는 것은 이해를 하면 알고 있는 것을 동원해서 외워야 할 것의 크기가 작아지고 나중에 인출할 때 도움을 받기 때문이다.

운전의 경우 처음에는 옆 사람과 대화하는 것은 꿈도 못 꾸지만 나중에 익숙해지면 운전을 하면서도 옆 사람과 충분히 대화를 나눌 수 있다. 이것은 처음에는 운전을 위해 처리해야 할 여러 작업의 요소가 일곱 개를 넘어가기 때문에 여유가 없지만 반복해서 숙달이 되면 운전에 필요한 작업의 요소가 청킹이 되면서 운전에 필요한 작업의 청크 수가 적어지는 것이다. 이렇게 되면 그전보다 더 적은 정신자원을 사용해도 운전을 할 수 있게 되므로 남는 정신자원으로 옆 사람과 대화도 할 수 있는 것이다. 이런 현상을 가리켜 심리학에서는 운전이 자동화되었다고 말한다.

사람들이 여러 상황에서 보이는 동기, 인지, 행동 등도 반복되면 서로 묶여 청킹되면서 자동화된다. 매우 빠르게 판단하고 행동하게 된다. 특정한 정보처리전략이 자동화되었다고 할 수 있다. 문제는 한번 자동화되면 의식적으로 조절하기가 어려워진다는 것이다. 건강하고 생산적인 처리전략이면 좋지만 그렇지 않은 경우도 많다. 우리는 살면서 종종 흑백논리, 과일반화, 독심술사고, 확대-축소의 비합리적 인지전략을 동원하고 스트레스를 경험하기도 한다(자세한 내용은 김정호(2015) 참조). 이런 비합리적 인지전략이 자신도 모르게 동원되는 것이 문제다.

기분일치성 효과

정보처리용량제한성으로 인간은 진화적으로 선택적 주의의 기제를 발전시켰다. 지금 책을 읽으면서 왼쪽 발바닥의 느낌을 느끼고 있을 필요는 없다. 방금 진의 문장을 읽기 전까지는 아마 왼쪽 발바닥을 느끼지 않았을 것이다. 책을 읽을 때는 책의 내용에만 주의를 보내면 된다. 현

재 하고 있는 정보처리에 필요한 것에만 주의를 배분하게 된다.

또한 현재 맥락에 맞는 정보에 주의를 보내는 맥락적 처리의 기제를 발전시켰다. 먼저 외부맥락에 맞는 정보처리인데 특정한 장소와 관련된 기억은 그곳을 직접 가거나 떠올리게 되면 잘 떠오른다.

또 하나는 내부맥락에 맞는 정보처리로서 기분에 일치하는 기억이 잘 떠오르게 되는 것이다. 내부맥락은 기분이나 정서를 말한다. 지금의 기분이나 정서라는 맥락에 일치하는 기억을 더 잘 떠올리는 것이다. 이것은 특별히 기분일치성 효과라고 부르기도 한다. 남편과 부부싸움을 할 때 남편이 잘해준 기억이 떠오르지는 않는다. 그보다는 화나게 한 일, 서운하게 한 것, 미운 모습 등이 더 잘 떠오른다. 불안할 때는 불안했던 기억이, 우울할 때는 우울했던 기억이 더 잘 떠오르는 것이다.

기분일치성 효과로 인해 작은 의식의 공간은 지금의 감정을 증폭시키고 그 감정과 관련된 정보만을 담고 있게 된다. 그 결과 우리는 공정한 정보처리를 하지 못한다. 감정에 편중된 정보만을 의식공간에 담고 편파적인 판단을 내리게 된다. 자칫 나중에 후회할 결정을 내릴 수도 있다.

부정편향성과 지위편향성

제한된 정보처리 용량을 가지고 생존하기 위해 인간은 자신의 생존에 불리할 수 있는 부정적 정보에 더 많은 주의를 보내도록 진화했는데 이 것을 부정편향성이라고 한다. 우리는 태평한 조상의 후손이라기보다는 미래를 걱정하고 대비해온 조상의 후손인 것이다. 이러한 부정편향성은 지금도 남아 있어서 필요 이상으로 과도하게 부정적인 정보에 민감하여 스트레스를 경험하기도 한다.

또한 인간은 주변사람들과의 비교를 통해 상대적 지위에 더 많은 주의를 보내는 경향을 갖는데 이것을 지위편향성이라고 한다. 진화적으로 볼 때 능력이든 재산이든 더 많이 가진 경우에 짝을 얻을 가능성이 더 컸을 것이다. 그러나 이러한 정보처리 경향성은 자본주의체제와 맞물리면서 과도하게 물질에 대한 동기의 크기를 키움으로써 조화로운 동기추구를 방해하고 있다.

정서적 예측의 오류

정보처리용량제한성은 다음과 같이 정서에 대한 예측에도 오류를 범하게 하므로 자신의 판단에 대해 좀 더 신중할 필요가 있다.

정서 예측의 오류와 관련해서 인간은 충격편향(impact bias)을 보인다. 사람들은 사건의 정서적 충격에 대한 예언에 있어서 정서적 반응의 강도와 지속기간을 과장해서 추정하는 경향이 있다. 사랑하는 사람에게 이별을 통보받았을 때는 세상이 다 끝난 것 같고 죽을 것 같이 보이는데 얼마 지나지 않아 새로운 사람을 사귀고 있다. 테뉴어(종신 재직권)를 받지 못한 조교수는 인생이 끝난 것 같이 느낄지 모르지만 2년 정도 지나면 테뉴어를 받은 조교수와 행복에서 차이를 보이지 않는다.

정서적 정보처리에서 충격편향을 보이는 것은 정보처리용량제한성과 관련 있다. 사건의 정서적 영향을 고려할 때 우리는 충분한 요인을 포함하지 못하고 사건에만 초점을 두고 사건의 결과와 맥락은 무시하는 것이다. 이러한 경향을 초점화(focalism)라고 부른다. 또한 정서적 충격을 받아도 사람은 그것으로부터 벗어나는 회복력을 갖고 있는데 그것을 간과하는 경향이 있다. 즉, 사람은 신체적으로 면역체계를 갖추고 있는 것처럼 심리적으로도 면역체계를 갖추고 있는데 이것을 간과한다는 것이다. 이러한 경향을 면역간과(immune neglect)라고 부른다.

우리는 스스로 확신을 갖는 판단이라고 해도 인간의 정보처리 취약성을 잘 이해하고 신중하고 겸손한 자세를 양성하는 것이 필요하다. 내 주의가 지금 어디를 향하고 있는지 무엇을 선택하고 있는지 내 정서 상태는 어떠한지 자신을 잘 돌아보는 것이 삶의 주도권을 갖고 살게 해 준다.

마음공부와 정보처리용량제한성 : 원죄와 복음

누구도 정보처리용량제한성으로부터 자유롭지 못하다. 자기 자신에 대한 것이든 혹은 외부조건이나 다른 사람에 대한 것이든 공정한 정보처리는 매우 어려운 일이다. 이것은 마치 인간의 원죄와도 같다. 정보처리용량제한성으로 인해 특정한 부정적 기억에 꽂혀서 부정정서에 갇혀 살 수도 있다. 주어진 상황에 대해 잘못된 판단을 하거나 사람들 간의 관계에서 오해와 갈등이 일어나기도 한다. 따라서 어떤 판단을 할 때 신중하고 겸손할 필요가 있다. 특히 부정이든 긍정이든 정서가 어느 한 쪽으로 쏠려 있을 때는 판단을 하지 않는 것이 좋다. 자칫 기분일치성의 피해자 또는 가해자가 되지 않도록 한다. 또한 지위편향성에 지배되어 스스로를 피폐하게 하는 욕구에 끌려 다니지 않도록 유념할 필요가 있다.

한편 정보처리용량제한성이 마치 복음처럼 장점으로 쓰이기도 한다. 정보처리용량제한성으로 우리 의식의 공간이 작기 때문에 다루기가 비교적 용이하다. 의식공간이 작으므로 그곳을 원하는 것으로 채울 수 있으면 자신의 마음을 원하는 상태로 조정할 수 있다. 그래서 마음을 쉬고, 보고, 쓰는 명상, 마음챙김, 긍정심리의 마음기술을 잘 배우고 적용하는 것이 우리 삶을 지속적으로 행복하게 해준다.

부정적인 마음의 문제와 씨름하거나 마음에 들지 않는 상태를 제거하려고 애쓰기보다 건강한 플러스 마음기술을 배우고 적용한다. 그러면 제한된 정신자원이 건강한 동기의 충족에 투입되므로 불건강한 마음상태는 자연스럽게 물러나게 된다.

마음사회이론

마음사회이론이란?

마음사회이론(mind society theory)에서는 마음을 여러 '나'들이 사는 사회로 본다. 각각의 '나'는 독특한 '동기-인지-감정-행동'의 패턴을 갖는 독립된 인격이라고 할 수 있다(김정호, 2020a, 2020b). 우리는 자신이 일관된 모습을 보이는 단일한 존재라고 생각하는 경향이 있지만, 자신을 잘 돌아보면 서로 다른 모습을 갖는 다양한 '나'들로 이루어진 것을 알 수 있다.

만약 친한 친구들과 있을 때와 전혀 모르는 사람들 속에 섞여 있을 때 당신의 모습을 비디오로 찍어서 제3자에게 보여준다면 그 사람은 당신을 어떻게 평가할까? 아마 친한 친구들과 있는 당신의 모습을 본 사람은 당신을 외향적인 사람이라고 말할 것이다. 반면에 전혀 모르는 사람들과 섞여 있는 당신의 모습을 본 사람은 당신을 내향적인 사람이라고 말할 것이다. 어떤 것이 당신의 모습일까? 각 상황에서 밖에서 관찰할 수 있는 행동만 다른 것이 아니라 바라는 것, 생각하는 것, 느끼는 감정 등 주관적으로 경험되는 것도 다를 것이다.

우리는 살면서 알게 모르게 일관된 모습을 보여야 한다는 교육을 받고 자란다. 그러다 보니 내 안의 다양한 '나'들의 존재를 잘 모르고 자신이 주로 동일시하는 어느 한 모습만을 나로 아는 경우가 많다. 그러다 보면 내 안의 '나'들간의 소통에 어려움이 생기고 그것은 심리적으로 경직된 삶을 살게 만든다. 자칫 인정받지 못한 '나'들은 마음사회의 어느 구석에서 울고 있거나 복수의 칼을 갈지도 모른다. 내 안의 다양한 '나'들을 잘 알고 소통하는 것이 필요하다. 심리적으로 건강한 삶을 위해서는 밖으로 사람들과의 소통, 즉 개인간소통(inter-personal communication)뿐만 아니라 안으로 '나'들과의 소통, 즉 개인내소통(intra-personal communication)도 중요하다.

마음공부와 마음사회이론

우리는 때로 내가 누구인가 하는 고민을 하기도 한다. 어떤 모습이 나의 참모습인가 혼란스럽기도 하다. 그러나 고민할 필요 없다. 내가 보여주는 모든 모습이 나의 참모습이다. 나를 다양한 '나'들의 모임으로 볼 줄 알고, 나의 마음을 다양한 '나'들이 사는 사회로 제대로 보게 되면 나의 삶에 있어서 나 자신을 수용하고 발전시켜 나가는 데 좋은 위치를 점하게 된다.

마음이 여러 '나'들이 사는 사회인 줄 모르고 내 마음속에 여러 '나'들이 산다는 것을 인정하지 못하면 내 마음속에 있는 어두운 '나'들, 못된 '나'들, 또 남에게 말할 수 없는 부끄러운 '나'들을 인정하기 어려워진다. 그러면 부정적인 '나'들이 어디 가지도 못하고 울고 있거나 아니면 심지어 마음사회의 어느 한 구석에서 복수의 칼을 간다. 어떤 때 기회가 주어지게 되면 억눌린, 탄압받던 '나'가 복수의 칼을 꺼낼 수 있다. 조심해야 한다. 특히 평소에 매우 바르게 사는 사람, 매우 도덕적으로 사는 사람은 특히 유념해야 한다. 바르고 도덕적으로 사는데 왠지 마음에 행복이 없다면 마음사회 어느 구석에서 억눌린 '나'가 울고 있을지 모른다. 인간 마음에는 그림자 같은 부분이 있어서 인정하고 보듬어줘야 한다. 그런 '나'들을 행동으로 표출하라는 뜻은 아니다. 그러나 내 마음사회에 사는 한 구성원이라는 점을 인정하고 따뜻한 마음으로 보듬어 줄 수 있어야 한다. 자칫 너무 강하게 부정하고 억압하다가 억눌린 '나'가 복수의 칼을 갈다가 어느 순간 나를 해치지 않도록.

내 마음이 여러 '나'들로 되어 있다는 것을 알고 내 마음에 어떤 '나'들이 사는지 잘 보고 그들과 좋은 관계를 맺는 것이 필요하다. 우리는 일반적으로 다른 사람들과의 관계에 관심을 갖지만 관계에서 첫 번째는 나와의 관계다. 내 마음에 어떤 '나'들이 사는지 잘 알아야 하고 그들과의 관계에서 조화가 필요하다. 내 안의 여러 '나'들을 인정할 때 원한이 있다면 풀 수 있다. 즉 해원(解冤)할 수 있다. 그럴 때 마음 안의 여러 '나'들이 서로 상생(相生)할 수 있다. 또한 개인내소통이 잘될 때 개인간소통도 잘된다.

내 안의 '나'들은 고정되어 있지 않다. 내가 주로 어떤 '나'들을 마음사회의 무대에 불러내는지 잘 아는 것이 중요하다. 평소에 자주 불려지는 '나'들은 점점 더 확장되고 강해지는데 그것을 심리학적 용어로 동일시라고 한다. 나는 평소에 어떤 나와 동일시하고 있나? 그것을 잘 알게 되면 인생 게임에서 유리한 입장에 있게 된다. 그래서 마음기술을 익힘으로써 내 마음의 운영을 잘할 수 있게 된다. 마음기술의 연마를 통해 건강한 '나'들을 잘 씀으로써 내 마음의 무대에 건강한 '나'들이 가까이 잘 포진할 수 있도록 한다. 이런 점에서 삶은 동일시 게임이라고 할 수 있다(김정호, 2020a).

또한 나의 마음도 사회지만 상대의 마음도 사회라는 것을 잘 이해할 필요가 있다. 내 마음에 여러 '나'들이 살듯이 상대의 마음에도 여러 '나'들이 산다. 이 점을 잘 이해하고 있으면 인간관계의 갈등을 많이 줄일 수 있다. 어떤 사람이 나에게 좀 불편한 말이나 행동을 했을 때 그것 하나 가지고 그 사람을 단죄하듯이 '아, 넌 내 친구가 아니구나.' 라거나 혹은 '너는 나의 적이다.' 라고 할 필요가 없다. '아, 그 사람 속에 여러 '나'가 있지. 지금 나를 미워하는 '나'가 나왔구나.' 이렇게 이해할 수 있다. 나도 때로는 그 친구에게 화를 낼 수도 있다. 그 친구를 미워하는 '나'가 나타날 수도 있다. 내 속에 여러 '나'들이 있고 상대 마음에도 여러 '나'들이 있다는 것을 인정하면 한두 가지 마음 상하는 일로 갈등을 만들기보다는 오히려 내가 어떻게 하면은 상대의 마음속에 있는 건강한 '나', 나를 좋아하는 '나'를 불러서 같이 멋지게 살아 갈 수 있을지를 생각할 수 있다. 마음이 여러 '나'들이 사는 사회임을 잘 이해하면 친구 간에, 직장동료 간에 혹은 결혼한 사람이라면 배우자와의 관계에서 훨씬 조화롭고 아름다운 삶을 만들어 나갈 수 있을 것이다.

나의 마음도 사회, 상대의 마음도 사회라는 것을 잘 알고 적용할 줄 알면 나와의 관계와 너와의 관계에서 관계의 유연성이 증진된다.

나는 누구인가

나는 누구인가? 이 질문에 분명하게 답할 수 있는 사람은 많지 않다. 그러나 이 질문에 답을 내놓지 않는 사람들도 암묵적으로는 답을 가지고 있다. 적어도 자신이 남자인지 여자인지 헷갈리는 사람은 없을 것이다. 있다고 해도 아마 매우 극소수일 것이다. 내가 어떤 국가의 국민인지 안다. 내가 누구의 자녀인지, 누구의 아내 혹은 남편인지, 누구의 아빠 혹은 엄마인지 안다. 내가 어떤 대학을 나왔고 무엇을 전공했는지 알며 어떤 종교를 믿는지 혹은 믿지 않는지 안다. 어떤 음식을 좋아하고 어떤 음식을 싫어하는지 안다. 어떤 음악을 좋아하고 어떤 음악은 싫어하는지 안다. 돈이 많음을 좋아하며 가난을 싫어함을 안다. 사람들의 존중을 받기 좋아하며 비난받기를 싫어함을 안다.

그렇다고 나에 대해 잘 알고 있는 것은 아니다. 나는 정직한 사람인가 그렇지 않은 사람인가? 나는 내향적인가 외향적인가? 나는 진지한가 명랑한가? 나는 다정한가 냉정한가? 나는 진보적인가 보수적인가? 나는 배우자를 사랑하는가 미워하는가? 나는 자녀를 사랑하는가 미워하는가? 나는 좋은 엄마인가 나쁜 엄마인가? 나는 돈을 좋아하나 명예를 좋아하나? 나는 편안한 것을 좋아하나 신나는 것을 좋아하나? 나는 성실한 것을 좋아하나 재미있는 것을 좋아하나? 나는 자유를 좋아하나 안정을 좋아하나?

나는 누구인가? 쉽게 답할 수 없는 이유는 내가 누구라고 한마디로 표현하기에는 너무 다양한 '나'들이 내 안에 있기 때문이다. 그럼에도 내가 누구라고 분명한 색깔로 표현하는 사람이 있다면 그 사람은 자기 안의 다양성을 놓치고 있는지도 모른다. 한 가지 음식에도 여러 가지 맛이 함께 공존한다. 여러 가지 맛 중에 어떤 맛이 있다고 하면 옳다. 그러나 그 하나의 맛만 있다고 고집하면 그르게 된다. 왜냐하면 나머지 맛들을 부정하게 되기 때문이다. 사람의 마음에도 여러 '나'들이 산다. 이런 '나'가 있다고 하면 옳다. 그러나 그 '나'만 있다고 고집하면 그르게 된다. 왜냐하면 나머지 '나'들을 부정하게 되기 때문이다. 모든 '나'들이 나다.

나는 누구인가? 답하기 쉽지 않은 또 다른 이유는 내가 고정되어 있지 않기 때문이다. 태어나면서부터 지금까지 나는 쭉 동일한 나였을까? 좋아하던 것을 안 좋아하게 되기도 하고 안 좋아하던 것을 좋아하게 되기도 한다. 나의 어머니는 충청도 분이셨는데 김치가 담담하고 정갈한 맛이었다. 결혼을 하고 전라도 분인 장모님이 담가주시는 김치를 먹게 됐는데 맛이 너무 강해서 적응하는 데 한참 걸렸다. 그러나 세월이 지나니까 나중엔 전라도 김치의 강하고 깊은 맛을 좋아하게 됐다. 맛에 대한 취향만이 아니라 사람은 종교를 바꾸기도 하고 신조를 바꾸기도 한다. 불교를 믿다가 기독교를 믿게 되기도 하고, 기독교를 믿다가 불교를 믿게 되기도 한다. 자본주의를 믿다가 공산주의로, 공산주의를 믿다가 자본주의로 전향할 수도 있다. 만약 과거의 나와 지금의 나를 만나게 한다면 어떨까? 서로 크게 싸울지도 모른다. 나는 고정되어 있지 않다.

나는 누구인가? 늘 변화하는 나다. 그래서 종종 확인하는 것도 좋다. 지금 나는 누구인가? 지금 이 순간 마음무대에 어떤 나가 올라와 있는가? 건강한 나인가? 과거를 한탄하고 미래를 걱정하는 나인가? 지금 여기에 적절한 나인가? 나는 지금 어떤 나를 불러 쓰고 있나? 자주 불러 쓰는 나가 마음무대의 주도권을 갖게 된다. 나는 누구인가? 이 질문은 나를 발견하게도 하고 키워주게도 한다. 나는 누구인가? 이 질문은 내 안의 여러 '나'들을 이해하고 건강한 '나'들을 키우며 조화롭게 운용하는 마음기술을 늘려나갈 수 있게 도와준다. 지금 나는 누구인가?

마음사회이론과 동일시 게임

마음의 현상에서 불가사의한 것은 '나'라는 의식을 갖는다는 것이다. 그리고 '나'는 고정되어 있지 않다. 형태를 알 수 없는 그 무엇이 어떤 때는 이런 욕구와 생각을, 또 다른 때는 저런 욕구와 생각을 '나'라고 동일시한다. 이것은 마치 말을 타듯이 그때그때 다른 말을 타고 그 말을 나라고 생각하는 것과 같다. 혹은 마치 가면을 쓰듯이 상황에 따라 다른 가면을 쓰고 그 가면의 모습을 나라고 여기는 것과 같다.

'나'의 동일시는 내 마음의 욕구나 생각 혹은 몸의 경계에도 한정되지 않는다. 밖에 있다고 여겨지는 외부 대상 역시 동일시에 따라 내가 될 수 있다. 내가 사랑하는 자녀의 고통과 행복은 나의 고통과 행복이다. 내가 좋아하는 아이돌 그룹 또한 나의 동일시 대상이다. 그들이 욕을 먹는다면 내가 분노한다. 심지어 내가 좋아하는 차, 명품가방 역시 동일시의 대상이 된다. 그것에 흠집이 생기면 마치 내 몸에 상처가 나는 것처럼 마음이 아프다. 차를 운전할 때는 차가 내 몸처럼 되고 테니스를 할 때는 라켓이 내 팔처럼 된다. 보이지 않는 국가에도 동일시된다. 우리나라 대표팀의 경기를 손에 땀을 쥐고 보며 강한 감정의 동요를 경험한다. 때로는 국가를 위해 목숨을 내놓기도 한다. 심지어 실제도 아닌 스크린의 영화 속 주인공에도 동일시하며 때로는 분노하고 때로는 울고 웃는다.

한때는 외부의 사상이나 믿음이었더라도 내가 수용하게 되면 '나'가 된다. 밖에 있는 스테이크를 칼과 포크로 자르고 찌른다고 내가 아프지는 않다. 그러나 내가 먹고 내 몸이 되면 조금만 베이고 찔려도 내가 아프다. 내가 믿고 따르는 이데올로기나 종교가 바로 나이기 때문에 그것이 침해받는다고 생각하면 분노하고 때로는 목숨을 바치기도 한다.

불교에서는 마음의 모든 현상을 있는 그대로 바로 보면 '나'라는 것은 없다. 즉 무아(無我)라고 한다. 실제로 동일시의 기제를 가만히 들여다보면 '나'라고 붙잡을 만한 것이 없다. 동일시만 내려놓으면 그 어떤 것도 '나'가 아니다. 다만 사물이고, 몸이고, 욕구나 생각일 뿐이다. 반대로 동일시만 하면 그 무엇도 '나'가 된다. 사물도 '나'가 되고 몸도 '나'가 되고 욕구나 생각도 '나'가 된다. 여기서 어떤 이는 모든 동일시를 내려놓는 수행을 할 수도 있다. 그러나 그것도 들여다보면 또 다른 형태의 동일시일 수 있다. 우리의 삶은 동일시 게임이다. 동일시는 우리 삶이 펼쳐지는 기본 규칙이다. '나'는 늘 어떤 것을 동일시한다. 중요한 것은 집착하지 않고 잘 굴리는 것, 응무소주이생기심(應無所住而生其心) 하는 것이다['마음챙김 : 탈동일시와 깨달음', '에고(ego)와 달걀(egg) 쥐기' 참조].

관점

높은 지위에 있던 사람이 사회적 물의를 일으켜 지탄을 받거나 법적인 처벌을 받게 되는 뉴스를 접하는 경우가 종종 있다.
동일한 뉴스지만 바라보는 관점(觀點)에 따라 다른 경험을 하게 되는 것 같다.

이렇게 볼 수 있다.

어떻게 그럴 수가 있나.

그러라고 권력을 주었나.

민낯을 드러냈다.

이때 마음에 분노가 일어난다.

분노의 관점, 분노의 눈으로 보는 것이다.

이렇게도 보인다.

특히 당사자가 젊은 시절 사회정의를 위해 애쓰던 사람이면 더 그렇다.

권력에 취해 자기관리에 실패했구나.

젊은 시절의 본인이 타임머신 타고 온다면 얼마나 통탄해할까.

이때 측은한 마음이 일어난다.

자비의 관점, 자비의 눈으로 보는 것이다.

또 이렇게도 보인다.

나는 어떤가.

그런 권력을 갖게 된다면 나는 그런 유혹에 넘어가지 않을 수 있을까.

또 나는 지금 나의 나이, 지위, 역할에 맞는 행동을 하고 있는가.

나이, 지위, 역할의 편리한 점만 남용하고 그 책무에는 소홀하고 있지
는 않은가.

이때 스스로를 돌아보며 조심하는 마음이 일어난다.

자기성장의 관점, 자기성장의 눈으로 보는 것이다.

구파발에서 바라본 북한산의 모습은

우이동에서 바라본 북한산의 모습과 사뭇 다르다.

날씨에 따라 다르다.

계절에 따라 또 다르다.

무엇이 북한산의 참 모습일까.

나는 나 자신과 세상을 어떤 관점(觀點), 어떤 눈으로 보고 있나.

'내로남불'이라는 말이 있다. 내가 하면 로맨스고 남이 하면 불륜이라는 것이다. 우리는 자기 편리한 대로 관점을 사용하는 경향이 있다. 그래도 어떤 관점에서 보든 당사자는 객관적인 판단에 따라 져야 할 책임은 져야 한다.

'기생충'과 '코로나'

눈에 보이지도 않는 바이러스가 지구를 지배하는 70억 넘는 인간을 불안하게 만들고 있다. 최근 코로나19 바이러스 사태로 야기된 두려움은 혐오와 적개심을 일으키고 공격성까지 나타내게 하고 있다. 유럽과 미국에서 중국인을 포함한 동양인에 대한 혐오가 확산되고 있고 비록 일부지만 위해를 가하는 공격적 행동까지 발생하고 있다. 우리 인간의 내면에는 아직 정화되지 않은 어둠이 있는 것 같다.

얼마 전 아카데미상을 휩쓴 영화 〈기생충〉의 주요 무대인 박 사장의 호화로운 저택에는 지하실이 있다. 그 지하실은 정작 그 집에 사는 박 사장 식구는 아무도 모르고 가정부만이 알고 있는 비밀 공간이다. 그곳은 가정부의 남편이 기괴하고 피폐한 모습으로 사는 곳이다. 비밀의 지하공간은 기택 식구가 박 사장의 집에 유입되면서 드러나게 되고 결국 큰 소동과 함께 살인까지 일어난다. 그 후 지하실을 점유하는 인간은 기택으로 바뀌었지만 그곳은 여전히 외부인들에게는 비밀의 공간으로 남게 된다.

인간 개인이나 사회에도 스스로는 잘 모르는 지하실이 있다. 이번 코로나 사태처럼 간간이 지하실의 존재가 드러나지만 시간이 지나면 또 망각된다. 그러나 지하실에는 여전히 누군가 살고 있고 지상의 공간과는 소통되지 않고 있다.

인간은 원자보다 작은 입자도 볼 수 있고 은하계 너머의 우주도 관찰할 수 있다. 인간은 지구를 몇 번이고 파괴할 수 있는 핵폭탄을 가지고 있고 지구 반대편에 사는 인간과 얼굴을 보며 통화할 수 있는 스마트폰도 만들었다. 그러나 자신의 마음을 보고 마음을 다루고 옆 사람과 마음을 나누는 소통을 하는 데는 미숙한 것 같다. 21세기에도 인간은 여전히 특정한 인종적 편견, 종교적 도그마, 정치사회적 이념 등에 쉽게 편승하고 적개심과 공격성을 표출하고 있다.

융(Jung)은 개인이 건강하고 성숙한 인간으로 성장하는 과정을 개성화(individuation)라고 했다. 개성화는 자기실현(self-actualization)의 과정이라고도 할 수 있는데, 무엇보다 의식뿐만 아니라 무의식의 차원을 포함해서 자기 자신을 잘 이해하는 것이 중요하다. 자기 내면의 밝은 면만이 아니라 어두운 면에 대해서도 인정하고 수용하는 역량을 키워나갈 때 개성화된 인간으로 성장해갈 수 있을 것이다.

마음사회이론에서는 마음을 다양한 정체성을 갖는 '나'들이 사는 사회로 본다. 이와 같이 자신의 마음을 다양한 '나'들이 사는 사회로 볼 수 있을 때 내 안의 서로 다른 '나'들을 인정하고 수용하는 개방성과 관용(tolerance)의 힘을 기를 수 있다. 자신의 마음을 있는 그대로 보는 마음챙김의 마음수행은 이러한 역량을 키우는 데 도움이 될 것이다. 동시에 감사와 자비 등의 마음수행을 통해 마음 안의 '건강한 나'들을 키움으로써 마음 사회 전체를 건강하고 성숙하게 만들어가는 것이 중요하다. 두려움으로부터 달아나거나 두려움을 제거하려고만 기를 쓸 것이 아니라 '자비와 사랑의 나'를 좀 더 자주 마음의 무대에 불러들이는 것이 현명하다.

마음사회이론으로 볼 때 나뿐만 아니라 모든 인간의 마음이 다양한 '나'들이 사는 사회다. 내 마음 안의 여러 '나'들을 잘 보고 잘 쓸 줄 아는 것이 필요한 것처럼 다른 사람의 마음 안에 사는 여러 '나'들을 보고 잘 소통할 줄 아는 것이 중요하다. 나도 그렇지만 다른 사람 역시 한두 가지로 단정해서는 안 된다. 한 가지 이슈에서는 내 안의 특정한 나와 그의 특정한 나가 서로 갈등을 보이지만 여전히 내 안의 다른 '나'들과 그의 다른 '나'들은 서로 잘 맞고 도울 수 있는 관계에 있다.

개인뿐만 아니라 사회 역시 건강하고 성숙한 사회로 성장하기 위해서는 사회 내부의 다양한 측면을 볼 줄 알고 인정하고 수용하는 역량을 갖춰야 한다. 그러기 위해서는 시스템적으로 개방성과 관용을 담은 제도를 만들어야 하고 개인이 성숙한 인간으로 성장하도록 돕는 교육 프로그램을 제공해야 한다. 물질세계를 이해하고 통제하는 역량을 키우는 교육도 중요하지만 더 이상 자신의 마음을 이해하고 다루는 능력을 기르는 교육이 방치되어서는 안 된다. 마음챙김 수행, 자비 수행 등 다양한 건강한 마음수행법을 공적 교육에 포함하는 것이 필요하다.

인간은 갈수록 더 가공할 기술력을 깆추게 될 것이다. 다가올 AI시대는 또 어떠할지 예측도 쉽지 않다. 그러나 분명한 것은 우리에게 주어지는 물질적 통제력이 커질수록 그 힘을 다루는 우리 자신의 마음을 이해하고 다루는 능력도 키워야 한다는 것이다. 이번 코로나 사태를 통해 우리 자신의 어두운 지하실을 인정하고 그 어둠의 공간과 소통하는 역량을 키우는 데 관심을 갖게 되기를 바래본다. 코로나 사태의 빠른 종식을 기원한다.

제 3 부

마음기술

명상이란 무엇인가

명상은 마음 중에서도 욕구와 생각을 쉬는 것이다. 그것을 다르게 표현할 때는 멈춘다, 비운다, 내려놓는다, 이렇게 말할 수도 있다. 욕구 생각은 어떤 면에서는 짐의 역할도 한다. 짐은 필요하기도 하다. 우리에게 필요하니까 짐을 지고 간다. 그러나 집에 도착했으면 내려놓을 줄도 알아야 한다. 또 길을 가다가 중간에 쉴 때는 쉬어야 한다. 쉴 때는 짐을 내려놓아야 제대로 쉴 수 있다. 짐이 소중하니까 지고 가겠지만 누구나 쉴 때는 짐을 내려놓는다. 그런데 욕구와 생각은 잘 내려놓지 못한다. 좋아서 못 내려놓는 경우도 있겠지만, 내려놓고 싶은데, 떨쳐내고 싶은데 머릿속에 딱 붙어서 요지부동인 경우도 많다. 욕구와 생각을 내려놓는 기술, 이것이 명상의 기술이라고 할 수 있다.

인간은 생각을 할 줄 아는 고등 존재다. 생각하는 능력이 지금의 인류 발전을 가져왔다. 그러나 생각의 폐해도 크다. 특히 생각에 생각이 꼬리를 무는 것이 그렇다. 우리는 살면서 늘 이런저런 스트레스를, 고통을 경험하게 된다. 물론 그것을 통해서 성장하기도 하지만, 많은 경우 고통을 스스로 증폭시키기도 한다. 바로 우리 생각이 그런 고통의 증폭을 일으킨다.

생각을 할 때 우리는 현재에 있지 않고 과거와 미래로 간다. 마치 고장 난 타임머신을 타고 왔다 갔다 하는 것 같다. 내가 원하는 과거나 내가 바라는 미래로 가는 것이 아니라 내가 원하지도 않는 고통스러운 과거, 이미 지나가버린 과거의 동기좌절로 간다. 그것을 잊지 못하고 자꾸 곱씹는 경우가 많다. 그러면서 나를 탓하고 내가 왜 그랬나 하면서 후회와 자기비난을 멈추지 못한다. 그렇게 내탓을 하게 되면 우울해지고 심하면 자살로 간다. 혹은 남탓을 하기도 한다. '아, 그 친구가 그때 그러지만 않았어도 내가 이렇게 어렵지 않을 텐데' 하는 원망을 한다. 이렇게 되면 분노가 일어난다. 이렇게 생각은 원하지도 않는 과거로 자꾸 타임머신 타고 가 있다. 또 고장 난 타임머신 타고 미래로 가서 걱정을 하는 경우도 많다. 오지도 않은, 어쩌면 오지도 않을 미래를 걱정하느라고 현재를 놓치고 있다. 현재(present)라고 하는 선물(present)을 놓치는 것이다.

명상은 욕구와 생각을 쉬는 마음의 기술이다. 우리 마음의 영점을 회복하는 것이다. 마치 저울의 영점으로 돌아가는 것과 같다. 무게를 측정하기 위해서 짐을 저울에 올려놓으면 저울은 짐의 무게를 가리킨다. 무게를 잰 다음에는 계속 올려놓을 필요가 없다. 무게를 잰 다음에 짐을 내려놓으면 저울은 다시 영점으로 돌아간다. 그런데 마음의 짐은 잘 내려놓지를 못한다. 마음에 욕구와 생각이 한 번 올라오면, 특히 그 욕구와 생각이 고통을 가져오는 욕구와 생각일수록 내려놓기가 어렵다. 명상은 마음의 저울에 올려놓은 짐을 내려놓는 기술, 즉 마음의 영점을 회복하는 기술이다.

그런데 저울 중에는 짐을 내려놓아도 영점을 잘 못 잡는 저울이 있는 것처럼 평소에 마음의 영점을 잘 못 잡는 사람들이 있다. 이미 지나간 스트레스를 놓지 못하고 저항하며 계속 반추하는 사람들은 스트레스의 고통을 연장하고 있다. 혹은 오지도 않은 미래의 스트레스를 가불하듯 당겨서 사서 걱정을 한다. 이런 사람들은 '스트레스의 달인'이라 부를 수 있다. 달인이란 누구인가? 한 가지 기술을 반복 숙달해서 어떤 경지에 간 사람들 아닌가. 삶은 늘 업앤다운(up and down), 업앤다운. 끊임없는 업앤다운이다. 동기충족, 동기좌절, 동기충족, 동기좌절. 늘 업앤다운이다. 그런데 스트레스의 달인은 그 저점, 동기좌절의 포인트를 놓치지 않고 끌고 가는 그런 신공(神功)이라고 부를 기술을 갖고 있는 사람이다. 이런 기술은 행복이 아니라 불행에 기여하는 기술이니 마이너스(−) 기술이라고 하겠다. 보통사람은 스트레스를 경험해도 그렇게 오래 끌고 가지 못한다. 그러나 스트레스의 달인은 이런 마이너스 기술이 뛰어나다. 어떤 부부는 부부싸움을 하고 나면 한 달을 말을 안 한다고 한다. 보통사람은 하루 이틀 지나면 풀어지는데 부부싸움의 화나고 섭섭한 감정이 풀어지지 못하게 한 달이나 끌고 가는 능력을 보이는 것이다! 대단한 기술이다!

스트레스의 달인들은 그런 말을 한다. 세상에 행복은 없다고. 세상에는 고통만 있다고. 영어로 표현해보면 'Happiness is nowhere.'이다. 그런데 영어의 nowhere를 잘 들여다보면 그 철자가 재미있다. nowhere에서 w와 h의 사이를 벌려 거리두기를 해보면 now와 here가 된다. 그러면 앞의 문장은 'Happiness is now here.'가 된다. 행복은 지금 여기 있다는 거다. 우리가 고장 난 타임머신을 타고 과거로 미래로 정신없이 왔다 갔다 하지만 않는다면, 어떤 욕구와 생각에도 빠져있지 않다면, 바로 지금에 깨어 있다면 그 순간이 바로 행복이다. 우리가 명상으로 욕구와 생각의 짐을 내려놓고 마음의 영점을 회복할 때 내면의 평화(inner peace)를 회복하게 된다. 명상은 바로 지금 여기에서 내면의 평화를 회복해주는 마음기술이다.

내면의 평화를 회복하는 명상의 마음기술은 생각병을 치료해준다. 마음의 영점을 잡아줌으로써 내면의 평화를 회복하는 것은 생리적으로는 교감신경과 부교감신경의 조화와 균형을 회복하는 것이다. 건강해질 수밖에 없다. 몇천 년 전에 황제내경(黃帝內經)이라고 하는 동양의 의학서에는 이런 말이 있다. '염담허무 진기종지 정신내수 병안종래(恬憺虛無, 眞氣從之, 精神內守, 病安從來)' 우리가 마음을 비우고 고요하게 하면 진기가, 우리의 살아있는 생명에너지가 거기서 솟아난다는 것이다. 우리의 마음을 바깥으로 어지럽게 흩뜨리지 않고 안으로 잘 모으게 되면 병이 어떻게 올 수 있겠느냐는 것이다. 몇천 년 전의 의학서에도 이렇게 마음을 비우는, 마음을 멈추는, 마음을 쉬는 것의 중요성이 언급되고 있다. 빨리어(Pali) 경전으로는 쌍윳따 니까야(Saṃyutta Nikāya)에 해당하는 잡아함경에서 부처께서는 두 번째 화살을 맞지 말라고 했다. 우리가 생각을 통해서 만들어내는 두 번째 고통을 만들지 말라는 것이다. 예수께서는 마태복음에서 이런 말씀도 했다. '마음이 가난한 자는 복이 있나니 천국이 저들의 것이다.' 마음이 가난한 것이 뭘까? 바로 욕구와 생각을 내려놓은, 쉰 그런 상태가 아니겠는가. 이런저런 욕구와 생각으로 어지러운 것이 아니라 비워진 상태를 뜻한다고 볼 수 있다.

그래서 우리가 명상을 배우는 거다. 평소에 생각이 너무 많아서 힘든 사람이 있다면 명상의 마음기술을 꾸준히 익혀보기 바란다. 마음을 편안하게 하는 데 도움이 된다.

명상은 어떻게 하나?

명상이 욕구와 생각을 쉬는/멈추는/비우는/내려놓는 것이라면 어떻게 하는 것이 욕구와 생각을 쉬는/멈추는/비우는/내려놓는 것인가? 그것은 바로 감각에 주의를 보내는 것이다. 왜 감각에 주의를 보내나? 정보처리용량제한성에서 봤듯이 작업기억이라고도 부르는 우리의 의식공간, 다른 말로 하면 마음의 무대는 작다. 마음은 무한히 크지만 마음의 무대는 작다. 그렇기 때문에 감각을 마음의 무대에 초대하면 생각은 내려가게 된다.

생각을 안 하려고 하면 더욱 강해진다. 하얀 북극곰을 생각하지 않으려고 하면 자꾸 떠오르게 된다. 생각이 너무 많고 도대체 어찌 할 수 없을 때 그저 슬쩍 마음의 문을 열고 감각이 마음의 무대에 들어오게 한다. 그러면 생각은 물러갈 수밖에 없다. 생각이 물러가면 마음의 평화를 경험하게 된다(그림 3 참조).

그리고 감각은 바로 지금-여기다. 우리가 과거와 미래로 고장난 타임머신을 타고 왔다 갔다 하지 않기 위해서는 지금에 깨어 있어야 한다. 지금이 뭔가? 지금은 바로 감각이다. 주변을 둘러보라. 우리의 주변은 모두 감각이다. 모든 세계는 감각의 세계다. 색깔, 모양 등의 다양한 형태. 크고 작고 다양한 여러 가지 소리. 향기롭고 역겨운 다양한 냄

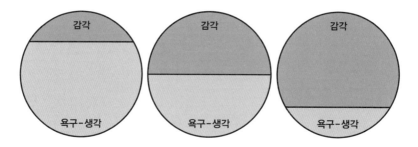

그림 3 욕구-생각과 감각의 제로섬(zero-sum) 관계(김정호, 2014, 2020)

새. 쓰고 달고 다양한 맛. 딱딱하고 부드럽고 차고 따뜻한 다양한 촉감. 이런 감각 말고 어떤 세계가 있겠나. 우리는 감각의 세계에 살고 있다. 욕구와 생각의 관점에서 좋다 싫다, 비싸다 싸다, 훌륭하다 천박하다 등의 판단이나 평가를 하지 않는다면 이 세계는 다만 감각의 세계일 뿐이다. 우리가 욕구와 생각을 쉬면 곧바로 감각의 세계가 드러난다. 감각의 세계가 드러날 때 우리 내면의 평화도 함께 드러나게 된다.

지금-여기의 감각세계에 살 때 우리는 좀비와 귀신의 상태에서 벗어난다. 좀비가 뭔가? 정신을 잃어버린 몸이다. 귀신은 뭔가? 몸을 잃어버린 정신이다. 설거지를 하면서도 과거에 빠져있고 미래에 빠져있다면 몸은 설거지하고 있지만 정신은 다른 데 가 있다. 설거지하는 좀비다. 이 닦으면서 딴 생각한다. 몸은 이를 닦는 데 정신은 다른 곳에 가 있다. 과거의, 미래의 다른 생각에 가 있다. 좀비 이 닦기다. 정신은 귀신상태에 있고 몸은 좀비상태에 있는 것이다. 정신과 몸이 하나가 되는 상태, 바로 지금-여기에 깨어 있는 상태가 명상상태다.

그래서 명상은 바로 지금-여기에 사는 것이다. 감각을 회복할 때, 감각의 세계를 회복할 때 지금 여기에서 사는 것이다. 명상은 지금-여기의 감각세계를 회복하는 것이고, 내면의 평화를 회복하는 것이고, 우리 마음의 영점을 회복하는 것이다.

감각에 주의를 보내고 욕구와 생각을 쉬는 것이 처음부터 쉽지는 않다. 그것은 일종의 기술이다. 마음을 다루는 마음기술이다. 마치 수영, 자전거, 골프처럼 꾸준한 연습을 통해 기량이 향상되고 기술을 즐길 수 있게 된다.

감각으로 주의를 보낼 때 주의할 점은 너무 열심히 혹은 강하게 주의를 감각에 보내려고 하지 말라는 것이다. 감각에 주의를 보내며 감각을 느끼려고 애쓰는 것은 바로 강한 욕구가 아닌가. 쉰다! 바로 '쉰다'의 자세가 필요하다.

1분이든 3분이든 명상을 하는 시간 동안에는 어떤 고민이나 걱정이 있더라도 쉬겠다. 고민이나 걱정은 명상 끝나면 해주겠다. 이런 자세를 취하는 것이 좋다. 그저 슬쩍 감각의 문을 열어주는 것이다. 그래서 감각이 스스로 마음으로 들어올 수 있게 해주는 것이다. 이렇게 볼 때 '감각에 주의를 보낸다'는 표현보다는 '감각과 친해진다'는 표현이 명상을 익히는 데 도움이 된다.

감각으로 주의를 돌리는 방법에 따라 여러 가지 명상 방법이 있다. 한 가지씩 배워보도록 하자. 반드시 그래야 하는 것은 아니지만, 가급적 배우는 순서는 주의를 넓게 열어놓는 개방형(zoom-out) 명상에서 점차 주의의 범위가 좁은 집중형(zoom-in) 명상의 순서로 한다. 구체적인 명상 방법은 각각의 명상에서 하나씩 배우도록 하자. 각각의 명상은 일상생활 속에서 마음을 다스리는데 유익하게 사용할 수 있는 아이템과 같다. 꾸준히 실천하다 보면 하나씩 '득템' 하는 재미도 있다.

오감 명상

명상은 '욕구와 생각을 쉬는(멈추는/비우는/내려놓는) 마음기술'을 익히는 마음수행이다. 스트레스가 많은 사람이나 심리적 어려움을 겪는 사람은 평소에도 욕구와 생각에 빠져 지내는 경우가 많기 때문에 욕구와 생각을 쉬는 명상이 상당한 도움이 된다.

명상은 감각과 친해지는 것이다. 욕구와 생각은 하지 않으려고 하면 더 강해진다. 다행히 정보처리용량 제한성으로 욕구와 생각이 아닌 감각에 주의를 보내면 자연스럽게 욕구와 생각으로 가는 주의는 줄어들게 된다. 욕구와 생각이 작용할 때 주의는 과거나 미래에 가있다. 많은 욕구와 생각은 과거의 후회나 원망, 또는 미래의 걱정으로 이루어진다. 그러나 감각은 과거도 미래도 아닌 현재의 경험이다. 지금-여기의 경험이다.

감각에 주의를 보낼 때 주의는 지금-여기에 머물 수 있게 되고 욕구와 생각으로부터 벗어나 내면의 평화를 느끼게 된다. 내면의 평화라는 감각 명상의 효과를 얻는 데는 돈이 들지 않는다. 특별한 장소에 가지 않아도 된다. 값비싼 약물이나 도구도 필요 없다. 단지 이미 자신이 갖추고 있는 감각기관만으로 얻을 수 있다.

명상을 배울 때 먼저 감각기관 전체로 경험할 수 있는 다섯 가지 감각, 즉 시각, 청각, 후각, 미각, 촉각에 주의를 보내는 오감 명상을 추천한다. 상황에 따라 몇 가지 감각의 조합만으로 명상을 수행해도 괜찮지만 명상에 처음 입문할 때는 가급적 다섯 가지 감각 모두를 함께 포함하는 것이 좋다.

감각을 경험할 때는 어떠한 판단이나 평가 혹은 욕구를 넣지 않고 있는 그대로 경험하면 된다. 주의가 감각에서 벗어나 욕구와 생각으로 방황하고 있음을 알아차리면 부드럽게 그러나 분명하게 감각으로 주의를 돌려온다. 시각 명상을 할 때는 눈을 뜨고 하지만 그 밖의 감각에 대한 명상을 할 때는 각자 원하는 대로 뜨거나 감아도 좋다.

아래에 오감 명상을 안내하는 멘트의 요점을 소개한다. 자신의 목소리로 녹음해서 사용해도 좋다. 혹은 유튜브에 올려놓은 오감 명상의 안내 명상을 틀고 따라 해도 좋다. 유튜브에서 아래의 제목 혹은 주소로 접속할 수 있다.

오감 명상(10분)

 https://youtu.be/j06u-UEISBA

(1)

오감 명상은 시각에서 시작한다. 자신이 있는 곳에서 눈으로 관찰할 수 있는 색깔을 확인한다.
빨주노초파남보의 순서로 시야에서 일곱 가지 무지개 색을 하나씩 찾아본다.
왼쪽에서 오른쪽으로, 다시 오른쪽에서 왼쪽으로, 또 위와 아래로 천천히 시선을 옮기며 색깔을 본다.
빨간색
주황색
노란색
초록색
파란색

남색

보라색

그리고

흰색

검은색

그리고

그 밖의 색깔들

이제는 눈으로 관찰할 수 있는 모양을 확인한다.

네모난 모양

정사각형 모양

직사각형 모양

둥근 모양

타원 모양

그리고

크기

부피

두께

길이

(2)

자신이 있는 곳에서 귀로 들을 수 있는 소리에 주의를 보내본다.

멀리서 들리는 소리

가까운 곳에서 들리는 소리

오케스트라 연주에서 악기별로 각각의 소리를 듣듯이 하나하나의 소리를 듣는다.

소리는 매 순간 변화한다.

매 순간 변화하는 소리를 듣는다.

(3)

자신이 있는 곳에서 코로 맡을 수 있는 냄새에 주의를 보내본다.

어떤 구분되는 냄새들이 있는지 확인한다.

뚜렷한 냄새가 느껴지지 않으면 냄새가 없음을 느끼면 된다.

대신 코를 통해 공기의 텁텁함이나 상쾌함을 느껴도 좋고

공기의 온도를 느껴도 좋다.

(4)

입에서 느낄 수 있는 맛에 주의를 보내본다.

어떤 구분되는 맛들을 느낄 수 있는지 확인한다.

음식이나 음료를 먹고 난 후의 여운이 있는지도 확인한다.

이를 닦은 후라면 치약의 느낌을 느낄 수도 있다.

뚜렷한 맛이 느껴지지 않으면 특별한 맛이 없음을 느끼면 된다.

대신 입에서 혀와 입천장이 닿아있는 느낌을 느껴도 좋다.

(5)

몸의 여러 접촉부위에 주의를 보내고 촉감을 느껴본다.

얼굴이나 목에 머리카락이 닿아있는 느낌.

눈을 감고 있다면 눈꺼풀이 닿아있는 느낌.

윗입술과 아랫입술이 닿아있는 느낌.

어깨에 옷이 걸쳐져있는 느낌.

팔에 옷이 닿아있는 느낌.

손이 포개져 있거나 무릎에 놓여있는 느낌과 무게의 느낌.

엉덩이가 의자나 바닥에 닿아있는 느낌과 무게의 느낌.

다리에 옷이 닿아있는 느낌.

발이 양말이나 신발로 감싸진 느낌.

발이 바닥에 닿아있는 느낌과 무게의 느낌.

얼굴과 손의 피부에서 느껴지는 공기의 움직임이나 온도의 느낌.

그밖에 몸을 통해 느껴지는 감각에 주의를 보낸다.

오감 명상을 마칠 때는

먼저 천천히 크게 들숨, 날숨 심호흡 하며 마칠 의도를 분명히 하고

다시 한 번 천천히 크게 들숨, 날숨 심호흡 하며 눈을 감은 사람은 천천히 눈을 뜨도록 한다.

갑자기 마음이 불안할 때, 깊이 우울할 때, 화가 나지만 표출하지 못하고 있을 때 문득 주변의 감각과 자신의 몸을 통해 느낄 수 있는 감각에 주의를 보내고 가만히 느껴보자. '오감 명상'에서 색깔에만 주의를 보내며 '무지개 명상'을 해도 좋다. 자신이 있는 곳에서 어디에 어떤 색깔들이 있는지 천천히 둘러보며 빨주노초파남보의 색깔을 찾아본다. 가만히 주변의 색깔들을 느끼다보면 마음이 차분해진다.

마음이 너무 힘들 때 위에 소개한 유튜브의 '오감 명상'을 그냥 틀어놓고 흘러나오는 말을 따라가 보는 것도 좋다. 특별한 무엇을 기대하지도 말고 그냥 귀에 들어오는 말

이 들리도록 허용하고 따라간다. 문득 잡념으로부터 벗어난 자신을 발견할 수 있을 것이다. 자신이 있는 곳의 감각이 새롭게 살아날 것이다.

유념할 점은 '쉰다'의 자세를 유지하는 것이다. 특히 시각 명상의 경우 감각을 느낄 때 너무 숙제하듯이 색깔을 찾거나 하면 판단하고 분석하는 마음이 작용할 수 있으므로 쉼이 어려워질 수 있다. 마음의 문을 열고 감각이 들어올 수 있도록 허용한다.

던킨 도너츠와 명상

아내가 던킨 도너츠를 사왔다.
포장지를 보니
이렇게 쓰여 있다.

Delicious Varieties

ADD COLOR

TO YOUR LIFE

문득
이렇게 말하고 싶다.

With Meditation

RECOVER COLOR

IN YOUR LIFE

명상은 쉬는 것이다.

마음을 쉬고 침묵하면
세상의 색깔이
살아난다(revive).
회복된다(recover).
드러난다(reveal).

아파트 풍경이 새롭고
지하철 안의 덜컹거리는 소리가 신비하다.

살아있는 세계
감각의 세계를
되찾는다.

✎

우울증으로 고생하던 어떤 내담자는 6개월 넘게 동일한 상담실에서 상담을 받았지만 그곳에 놓인 빨간 전화기의 색깔을 기억하지 못했다. 정보처리용량제한성으로 인간의 의식공간은 크지 않다. 자신의 의식공간을 우울한 생각으로 채우던 내담자는 주변의 감각정보를 충분히 처리할 수 없었던 것이다. 봄이 오는지 가을이 오는지 아파트에 꽃이 피는지 새가 우는지 뺨에 바람이 스치는지 모르고 산다면 스트레스 증상이 심각한 것이다. 스트레스 증상이 커지면 감각정보의 처리가 둔해지지만 반대로 감각에 관심을 갖기 시작하면 스트레스 증상이 감소하기 시작한다. 왜? 우리의 의식공간이 작기 때문이다. 작은 의식공간에 감각이 채워지면 스트레스를 만들어내는 생각들은 들어오기 어려운 것이다.

모래병 명상

중학생들에게 명상 교육을 한 적이 있다. 그때 명상을 설명하기 위해 모래병을 만들어 시연했는데 학생들의 반응이 좋았다. 문득 가정에 구급약을 두듯이 모래병 하나씩 두면 좋겠다는 생각을 했었다. 대한민국의 학생들은 학업과 시험으로 과중한 스트레스를 경험하고 있다. 공부는 해야겠고 마음은 잡히지 않을 때 모래병을 몇 번 흔든 다음 내려놓고 모래가 가라앉는 모습을 가만히 지켜본다. '모래병 명상'이다. 어느덧 마음이 차분해지고 공부에 저항하는 마음이 내려놓아져서 쉽게 공부를 시작할 수 있게 된다.

부모를 위해서도 모래병 하나 집에 있으면 좋을 것 같다. 자녀들의 학업 스트레스는 곧바로 부모들의 스트레스이기도 하다. 공부 때문에 아이들을 야단치고 비난하고 싶다면 그전에 모래병 한 번 흔들고 가만히 지켜보면 좋을 것 같다. 야단치고 비난하고 싶더라고 모래병 구경을 하고 난 다음에 한다. 모래가 모두 바닥에 가라앉고 나면 아마도 직설적으로 야단치기보다는 좀 더 현명한 행동을 할 수 있게 될 것이다.

'모래병 명상'은 시각에 초점을 둔 감각 명상이다. 모래병을 한 번 흔들고 모래병의 모래가 가라앉는 모습을 가만히 지켜보는 것이다. 혼탁한 모래병의 모래들이 차분히 가라앉는 것을 바라보는 것만으로 잡생각이 줄어들면서 마음이 편안해지는 것을 느낄 수 있다.

유튜브에서 '모래병 명상'이라고 검색해보면 모래병 명상의 시연을 볼 수 있다.

 https://youtu.be/ghS43LzaAhI

그림 4 시간에 따라 변화하는 모래병의 모습

참고로 모래병 만드는 방법을 소개한다. 모래병 만드는 방법은 아주 간단하다. 먼저 아래의 4가지 재료를 준비한다. 재료가 준비되면 병의 1/5 정도만큼 풀을 넣고 물을 넣은 다음 적당량의 색 모래를 넣는다. 병을 흔들어보고 색 모래가 너무 빠르게 가라앉으면 풀을 조금 더 넣어서 색 모래의 가라앉는 속도를 조절한다.

1) 병 : 일반 병, 혹은 투명한 플라스틱 용기(잘 깨지지 않는다는 점에서 플라스틱 용기를 추천함)
2) 풀 : 종이 붙일 때 사용하는 일반 물풀(큰 용량으로 파는 풀도 있음)
3) 물 : 수돗물
4) 색 모래(문방구나 다이소에서 판매함)

모래시계 명상

모래시계도 명상의 좋은 도구가 된다.
모래가 모두 떨어지는 데 걸리는 시간은 1분, 3분, 5분 등 다양하다.

모래가 한 알, 한 알 떨어지는 것을 가만히 바라본다.
주의가 감각으로 가며 마음을 산란하게 하는 욕구와 생각들이 하나씩
머리에서 비워진다.

모래시계의 위는 머리, 아래는 배.
수승화강(水昇火降).
머리가 비워지며 시원해지고
배는 따뜻해진다.

특히 화가 날 때
아이에게 큰소리로 야단치려고 할 때
팀원에게 비난을 퍼부으려고 할 때
먼저 그 마음을 마음챙김으로 알아차림!

그리고 다만 모래시계를 뒤집는다.
가만히 바라본다.
단지 바라본다.

조금씩

조금씩

모래가 모두 떨어지고

그래도 야단치고 싶고 비난을 퍼붓고 싶으면

그때해도 늦지 않다.

행위 명상

행위를 하면서도 명상을 할 수 있다. 행위를 하더라도 욕구와 생각을
쉴 수 있으면 명상이다. 반대로 아무 것도 하지 않고 있어도 속으로 온
갖 욕구와 생각을 일으킨다면 명상과는 거리가 먼 공상, 망상 속에 있
는 것이다.

욕구와 생각을 쉬는 것은 감각과 친해지는 것이다. 행위를 하면서 오
감으로 경험되는 감각과 친해질 수 있다. 행위를 하며 보고, 듣고, 냄새
맡고, 맛보고, 감촉을 느끼는 감각과 친해진다.

명상은 가부좌를 하고 앉아서만 하는 것이 아니다. 일상생활에서 감
각과 친해질 때 명상이 일상생활 속에 뿌리내리게 된다. 먹고, 설거지
하고, 이 닦고, 청소하고, 샤워하고, 걷고 등등 일상의 모든 활동을 하
며 감각과 친해지면 모든 행위가 명상이 된다. 옷 갈아입는 동안에도
딴 생각 없이 주의가 동작에 집중되어 있고 매 순간의 감각을 온전히
느끼고 있다면 훌륭한 옷 갈아입기 명상이다.

누구와 친해지고 친구가 된다는 것은 그 사람에게 관심을 갖는 것이
다. 마찬가지로 모든 활동에서 경험되는 감각들에게 관심과 호기심을
갖는 것이 감각과 친해지는 데 도움이 된다.

커피 한 잔의 명상

커피를 마시는 시간은
'아무것도 안 해도 좋은 권리'를 부여받은 시간이다.
10분 정도 아무것도 안 해도 좋은 권리를 스스로에게 허락하고
온전히 커피를 즐긴다.

일을 하다가 잠시 커피 한 잔 마실 때 지금-여기를 회복한다.
지금-여기의 감각의 세계를 되찾는다.

주변의 감각도 느낀다.
소리도 가만히 듣고
보이는 모양과 색깔도 물끄러미 본다.
빨강이 살아나고
파랑이 살아나고
초록이 살아난다.
색깔과 접속하면 마음에서 에너지가 피어난다.

몸과도 만난다.
머리 끝 정수리에서 발끝까지 몸 한 부위 한 부위에 귀를 기울인다.
불편한 부위가 있으면 가만히 조금 더 주의를 보내며 경청한다.
몸 전체가 입체적으로 느껴지고 편안해짐을 느낀다.
몸이 숨 쉬는 것도 가만히 느껴본다.

코끝에서 느껴지는 커피 향을 음미한다.
손으로 전달되는 커피 잔의 뜨거움도 느끼고
입술에 닿는 커피 잔과 커피도 느낀다.
입안 전체에 퍼지는 커피 맛을 온전히 느끼고
배안에서 느껴지는 따뜻함도 가만히 느껴본다.

이 모든 것이 그저 일어날 뿐이다.
애쓰거나 노력함 없이,
단지 아무 것도 하지 않고 쉬는 마음에서
그저 드러날 뿐이다.

커피 한 잔을 마셔도 온전히 마신다. 일을 하며 마시거나 스마트폰을 보며 마시지 않
는다. 커피 한 잔을 마시더라도 제대로 쉬는 시간을 갖는다. 일을 하고 있었다면 일과
관련된 욕구와 생각을 쉬고, 고민을 하고 있었다면 비록 커피 한 잔 마시는 짧은 시간
이더라도 고민을 내려놓고 온전히 쉬는 시간을 갖는다. 커피가 주는 감각을 비롯해서
주변의 감각, 몸의 감각이 그대로 드러날 수 있도록 온전히 쉬어준다.

먹기 명상

아내가 저녁약속이 있다.
오랜만에 혼밥을 먹는다.

눈앞에 한 그릇의 밥이 있다.

이런저런 나물을 넣은 비빔밥이다.

이렇게 멋진 밥을 아무의 방해도 받지 않고
온전히 혼자 감상할 수 있다니 마음이 약간 설렌다.

입안에서 하나하나 느껴지는 오묘한 맛들.
말로 표현할 수 없다.

혀를 통해 느껴지는 다양한 감촉과 온도의 느낌들.
자칫 에로틱하게 읽힐까 표현을 삼간다.

양쪽 볼을 밀어내며 한입 가득 담긴 음식을 느끼며
마음 전체에 충만감을 느낀다.

잠시 혼밥 글을 쓸 생각에 맛이 흐릿해진다.
얼른 다시 맛의 감각세계로 돌아온다.

숟가락이 그릇에 닿는 소리
입안에서 치아와 부딪히며 음식이 부서지는 소리
그 소리를 내가 듣고 있다.
신비하고 신비하다.

입 안 가득 퍼지는 다양한 맛들이 있다.
코를 통해 느껴지는 맛들이 있다.

그 맛을 내가 느끼고 있다.
경이롭고 경이롭다.

손과 팔이 움직이고 있고
입이 열고 닫는다.
턱이 열고 닫으며 음식을 씹고
혀가 이리저리 열심히 움직이며 음식을 섞고
맛이 나타나고 있다.

나는 아무런 명령도 내리지 않는다.
나의 몸이 이렇게 한 치의 오차도 없이
음식을 먹으며 다양한 감각을 만들어내고 있다.
오직 '조건-반응'들이다.
오직 작용, 작용, 작용들이다.
나는 다만 그 감각의 아름다움을 온전히 음미하고 감상하고 있을 뿐이다.

어느덧 밥 한 그릇이 모두 비워졌다.
아쉬운 마음도 잠시
이렇듯 아름다움을 경험하게 해준 것에 대해
감사의 마음이 올라오며 저절로 손이 합장을 한다.
'감사합니다!'

앞에서 '커피 한 잔의 명상'에서처럼 식사를 할 때도 온전히 쉬는 시간을 갖도록 한다. 특히 혼자 식사를 하게 됐다면 식사하며 경험할 수 있는 모든 감각을 온전히 음미한다는 자세로 감각을 온전히 느끼며 식사한다. 함께 먹는 밥은 행복하고 감사하다. 홀로 먹는 혼밥은 아름답고 신비하고 감사하다.

걷기 명상

걷기 명상은 발바닥 감각에만 집중하는 집중형 명상(zoom-in meditation)으로 수행할 수도 있고 모든 감각에 마음을 열고 오감과 친해지는 개방형 명상(zoom-out meditation)으로 진행할 수도 있다. 집안에서 할 때는 집중형 걷기 명상이 괜찮다. 그러나 밖에서 할 때는 개방형 걷기 명상을 추천한다. 길을 걸으며 집중형 걷기 명상을 하면 자칫 안전상의 문제가 생길 수도 있다. 그러나 공원처럼 안전하고 한적한 곳이라면 집중형 걷기 명상을 해도 좋다.

밖에서 걸을 때 마음의 문을 열고 경험할 수 있는 감각을 느껴본다. 발바닥뿐만 아니라 다리, 엉덩이, 팔의 움직임 등 몸에서 경험되는 감각들을 느낀다. 또 주변의 소리, 풍광, 뺨에 닿는 바람, 공기 중의 냄새 등의 감각을 느껴본다. 음미하듯, 즐기듯 모든 감각을 잘 느껴본다. 자연스럽게 욕구와 생각이 쉬어지고 마음의 평화를 경험하게 된다.

마음이 불편하다면 일어나서 일단 걸어보자. 밖으로 나가서 걸을 수 있으면 좋지만 실내에서 걸어도 상관없다. 실내라면 짧은 거리를 왕복하며 걸으면 된다. 어디서든 그저 '쉰다' 하는 자세로 걸어보자. 평소에 걸을 때도 걷기 명상으로 걸어보자.

다음은 바른 걷기를 위한 도움말이다. 걷기 명상을 하며 바른 자세와 몸의 건강도 얻을 수 있다.

- 양발을 붙인 상태에서 주먹 크기 정도로 발을 벌린다.
- 몸의 정렬을 바르게 하여 전만이나 후만이 되지 않도록 몸의 자세를 교정한다.
  가슴을 웅크리는 것도 좋지 않지만 그렇다고 가슴을 너무 내밀지도 않는다.
  중력이 몸을 타고 곧바로 내려가고 지면으로부터 항력을 받으며 몸이 곧게 세워진다.
- 몸을 바르게 세우되 이완시킨다.
  귀와 어깨 사이는 가급적 멀게 한다.
- 몸에 힘을 빼고 걷는다.
  편안하게 '쉰다' 라는 기분으로 걷는다.
- 반대편 발이 앞으로 나가도록 발바닥이 지면을 밀어낼 때 지면을 0.1초 정도 더 누르도록 한다.
  이렇게 하면
  1) 보폭을 조금 더 늘리는데 도움이 된다.
  2) 엉덩이 근육(중둔근)이 강화된다.
  3) 지면을 지그시 누름으로써 지면으로부터 항력을 받아 몸이 곧게 세워진다.
- 뒤꿈치가 먼저 들리고 앞으로 나갈 때 앞꿈치를 살짝 몸쪽으로 당긴다.
  자연스럽게 뒤꿈치부터 지면에 닿게 된다.
- 걸을 때 골반과 어깨가 자연스럽게 교차회전(counter rotation)하도록 한다.
  양팔도 그에 따라 자연스럽게 교차하도록 한다.
- 실내에서 걸을 때는 가급적 천천히 걷는다.
  몸의 균형감각 발달과 근육 강화에 좋다.

행위 명상 : 늘 우리 곁에 있는 오아시스

누구나 생활 속에 크고 작은 스트레스를 경험하며 산다.
경제적 여유가 있어서
일주일만이라도 시간이 주어져서
어디 여행이라도 다녀올 수 있으면
스트레스가 풀린 것 같다는 생각이 들기도 한다.
그럴 수 있으면 좋지만
그렇지 못한 현실이라면
일상의 짧은 휴식만이라도 자주 가져보자.

오늘도 우리는 사막을 걸어야 한다.
오늘도 직장에 가야만 하고
학교에서 공부를 해야만 하고
치매에 걸린 부모를 모셔야 한다.
삶이 사막처럼 뜨겁고 삭막하게만 느껴질 때
사막에는 오아시스가 있다는 것을 떠올려보자.

우리의 하루 삶에도 오아시스는 있다.
아침의 고요한
짧은 명상과 자비의 기원으로 하루를 시작한다.
오늘 걷는 길이 사막이어도
중간 중간 만나는 오아시스를 그냥 지나치지 말자.
비록 짧은 시간이지만

달콤한 물을 마시며
온전히 휴식하자.

세수하며
면도하거나 화장하며
음식을 준비하며
식사하며
이 닦으며
설거지하며
걸으며
지하철이나 버스에서 침묵하며
화장실 볼일 보며
커피 한 잔 마시며
샤워하며
온전히 집중하고 깨어 있자.
어떤 행위든
행위 할 때는 오직 행위 할 뿐.
행위에 집중하고
행위의 감각에 집중할 때
마음을 괴롭히던 욕구와 생각이 비워진다.

욕구와 생각을 쉴 때
고요한 내면의 평화를 회복하고
온전한 휴식을 얻는다.

몸은 움직여도
마음은 태풍의 눈과도 같은
고요한 자리에서
새벽처럼 깨어 있다.

또 걸어야 한다.
또 사막길일지도 모른다.
그래도 사막은 오아시스를 품고 있다.

2020년 이후 지구사람들은 코로나 사태로 온전히 여행을 하기가 어려워졌다. 특히 비행기나 배를 타고 멀리 해외로 가는 여행은 더욱 힘들어졌다. 적어도 코로나 사태가 수습될 때까지는 못 가는 여행을 아쉬워하기보다 일상에서의 작은 여행을 즐기는 것이 현명하겠다. 행위 명상으로 작은 여행의 휴식을 누리며 일상에서 여유를 찾아보자.

행위 명상은 일상에서 매일 반복적으로 하는 행위를 명상의 소재로 삼는데 장점이 많다. 첫째, 따로 시간을 내지 않아도 된다. 둘째, 잡생각을 하지 않아 좋다. 일상의 반복적인 행위들은 너무도 숙달되어서(심리학에서는 자동화되었다고 표현함) 주의를 거의 필요로 하지 않는다. 그 결과 남는 잉여주의가 과거에 대한 후회(자신에 대해)나 원망(타인에 대해) 혹은 미래에 대한 걱정에 사용된다. 잉여주의가 긍정적인 생각에 사용될 수도 있지만 대체로 이런 부정적 생각에 동원된다. 행위 명상을 하게 되면 이런 잡생각하는 습관에서 오는 스트레스로부터 자유로워져서 좋다. 셋째, 생각을 쉼으로써 몸과 마음에 휴식을 얻게 된다.

천리 길도 한 걸음부터라고 했다. 오늘부터라도 이 닦기부터 해서 조금씩, 조금씩 실천해보자. 결과를 바라지 않고 단지 '오직 할 뿐'으로 꾸준히 한다.

행위 명상 도우미 : 포스트잇

명상은 '쉰다'이다. '쉰다'는 것은 욕구와 생각을 쉬는 것이다. 욕구와 생각을 쉰다는 것은 '나'를 쉬는 것이다. 이런 저런 욕구와 생각으로 이루어진 다양한 '나'들을 쉬는 것이다. 전통 수행에서의 표현으로는 '무심(無心)'이 되는 것이다. 행위를 할 때 '감각'에 마음을 열고 '천천히' '음미'하는 태도를 취하면 습관적으로 빨리 해치우려는 마음을 다스리는데 도움이 돼 온전히 쉬며 무심(無心)이 될 수 있다. 또 이 닦는 행위든 옷을 갈아입는 행위든 행위를 할 때 '정성'을 다해서 하면 습관적 행동에 빠지지 않고 주의를 기울여 행위를 할 수 있다.

특히 '정성'을 다해서 한다는 점을 강조하고 싶다. 아무리 작은 일도 정성을 다해서 한다. 물병의 뚜껑을 열더라고 정성스러운 마음으로 연다. 편지 한 장을 뜯더라도 그냥 대충 마구 뜯는 것이 아니라 정성껏 문방용 칼이나 편지를 개봉하는 작은 도구를 사용해서 깨끗하게 뜯는다. 강박적으로 되라는 말은 아니다. 작은 일 하나라도 정성을 다하는 마음은 어떤 일이든 집중해서 수행하게 해준다. 다만 행위를 할 때 정성을 들이되 '쉰다'의 자세를 잊지 않는다.

이와 같이 명상에 도움이 되는 단어인 '쉰다', '감각', '무심히', '천천히', '음미', '정성껏' 등을 포스트잇에 적어 눈에 잘 띄는 곳에 붙여둔다. 단순한 포스트잇 한 장이 일상의 행위를 명상으로 할 수 있게 도와준다. 오랜 동안 익숙해진 습관적 행위들이기 때문에 행위를 하면서 명상의 방식으로 하는 것을 자꾸 잊어버리게 된다. 이때 포스트잇이 명상으로 행위를 하도록 기억을 도와준다.

요가 명상 : 5 - 아사나 요가

요가를 즐겨보자.
주의를 오롯이 모으고
명상으로 즐겨보자.

몸을 움직이면 몸이 내게 감각이라는 선물을 준다.
동작을 하며 만들어지는 감각을 즐긴다.
종소리의 여운처럼
동작을 마치고 나서도 남아있는 감각의 여운도 음미한다.

간단하게 서서 혹은 의자에 앉아서도 할 수 있는 간단한 '5-아사나 요가'를 소개한다. 하루 종일 모니터 앞에서 작업하거나 스마트폰을 들여다보는 현대인에게 도움이 되는 동작들로 아래와 같이 다섯 가지의 아사나(asana)로 구성되어 있다. 그래서 '5(오)-아사나 요가'라고 부른다.

1) 기지개 켜기
2) 목 돌리기 : 좌우
3) 어깨 돌리기 : 상하
4) 양팔 당겨주기 : 좌우
5) 양팔 비틀어 올리기 : 좌우

5-아사나 요가에 대한 설명은 김정호(2020) '마음챙김 긍정심리 훈

련(MPPT) 워크북'(pp. 150-162)에 잘 나와 있다. 그 책에서 아쉬웠던 것은 설명은 자세하지만 그림이 없어서 실제로 따라 하는데 어려움이 있다는 것이다. 다행이 책이 출판된 후에 아래와 같이 '5-아사나 요가 : 동작 설명 포함'이라는 제목의 동영상을 유튜브에 올려 각 아사나의 동작을 실제로 보여줄 수 있게 되었다.

5-아사나 요가 : 동작 설명 포함

 https://youtu.be/L9J5HJME9d8

다섯 가지 아사나 동작에 충분히 익숙해지면 아래에 소개하는 '5-아사나 요가 따라 하기'라는 제목의 동영상을 이용해도 좋다. 동작을 해보면 알겠지만 특별히 어렵지 않기 때문에 쉽게 익힐 수 있다. '5-아사나 요가 따라 하기'에는 동작은 없이 멘트만 제공된다. 물론 요가는 안내 없이 혼자 해도 좋다. 그러나 안내자와 함께 하면 더 편안하게 이완하는데 도움이 된다. 특히 아직 요가 하는 습관이 제대로 붙지 않은 경우에는 다만 멘트를 틀어놓고 그냥 따라가기만 하면 된다. 마음의 부담이 훨씬 적다. 코로나 사태로 인해 대면해서 안내자의 도움을 받기는 어렵겠지만 이렇게 녹음으로라도 안내를 받으면 좋을 것 같다.

'5-아사나 요가 따라 하기'

 https://youtu.be/sEDqmliqnbg

'5-아사나' 요가는 동작이 비교적 어렵지 않은 간단한 요가다. 그러나 자연스럽게 호흡하며 몸 전체에서 느껴지는 감각을 음미하듯이 느끼다

보면 일상에 고요한 평화와 활력을 준다. 오후에 몸에 에너지가 떨어지는 것 같을 때 한번 실행해보면 몸과 마음이 상쾌해진다. 물론 잡생각이 많을 때도 무조건 '5-아사나 요가 따라 하기'에 마음을 맡겨본다. 어느덧 잡념으로부터 벗어나있는 자신을 발견하게 된다. 요가 명상 이후에는 몸 명상이나 호흡 명상으로 자연스럽게 이어져도 좋다.

중간에 감각을 음미하는 시간을 넣어서 다섯 가지 아사나를 전부 실행하는데 약 14분 정도 걸린다. 5-아사나 요가를 하면 좋다는 것은 잘 알지만, 생활 속에 익숙해질 때까지는 자발적으로 실천하기가 쉽지 않다. 그럴 때 그냥 '5-아사나 요가 따라 하기'를 틀어놓고 한 동작, 한 동작씩 따라해 본다. 그러다보면 훌쩍 시간이 지나가서 어느덧 마칠 때가 돼버린다. 늘 시작이 어려운 것이다. 첫 번째 아사나만 한다는 자세로 그냥 시작하면 끝까지 하게 된다. '시작이 반이다.'라는 말이 괜히 있는 것이 아니다.

물론 다섯 가지 아사나를 모두 실행해야만 하는 것은 아니다. 모니터 앞에서 작업하다가 잠시 하고 싶은 한 가지 아사나만 천천히 정성껏 실행하는 것도 좋다. 한 가지를 하더라도 '쉰다'의 자세로 매 순간 변화하는 감각을 음미하듯이 온전히 느낀다. 한 번에 다섯 가지 아사나를 다 한다고 하면 괜히 부담되다가도 그저 한 가지 아사나만 하겠다고 하면 가벼운 마음으로 그냥 할 수 있게 된다. 이렇게 하다 보면 하루 중에 다섯 가지 아사나 모두를 실행할 수 있고 어느덧 '5-아사나 요가'와 친숙해진다.

요가를 하기 전에 몸에 질병이 있거나 관절이나 디스크에 문제 있다면 의사와 상의 하는 것이 좋다. 각 동작은 음미하듯이 하고 결코 무리하지 않도록 한다. 꾸준히 하다 보면 조금씩 동작이 몸에 맞고 유연성이 늘어난다.

'기지개 켜기'나 '양팔 비틀어 올리기'에서 손깍지 끼고 앞으로 밀어줄 때 올려줄 때와 내려올 때, 어깨 돌리기에서 팔꿈치를 앞으로 밀어줄 때 몸통은 따라가지 않도록 하면 좋다. 더 정확하게 표현하면 팔이나 팔꿈치가 앞으로 나가는 만큼 몸통은 뒤로 밀며 등척성 운동으로 두 힘이 길항적으로 균형을 이루도록 한다.

5-아사나 요가는 명상으로 할 수도 있지만, 책을 보거나 모니터를 보며 작업할 때 스트레칭으로 한 가지씩 해도 괜찮다. 명상은 아니지만 몸의 건강과 컨디션에 도움이 된다.

몸 명상

몸 명상은 일명 바디스캔(body scan)이라고도 한다. 다른 도움 없이 혼자 할 수도 있지만 안내자의 음성에 따라 진행할 수도 있다. 이런 경우 안내명상(guided meditation)이라고 해서 녹음된 음성을 사용한다.

몸 명상은 일반적으로 이완용으로 사용되는 경우가 많다. 특히 잠을 잘 못 자는 경우 수면용으로 사용되기도 한다. 그러나 몸 명상은 몸 감각에 주의를 보내며 몸과 친해지는 좋은 명상이다. 우리의 정서가 보통 몸으로 나타나기 때문에 몸의 각 부위와 친해지면 자신의 정서를 잘 알아차리는 데도 도움이 되고 정서를 다스리는데도 유익하다.

몸 명상은 이완을 위해 누워서 하는 경우가 많지만 가능하면 앉아서 편한 자세로 훈련하면 좋다. 물론 서서 연습할 수도 있다. 어떤 자세에서든 몸의 각 부위에 주의를 보내며 몸의 감각과 친해지고 마음의 평화를 회복할 수 있다.

다른 명상과 마찬가지로 몸 명상도 '쉰다'는 자세로 임한다. 가만히 몸의 각 부위에 주의를 보내며 그곳에서 들려주는 얘기를 경청하듯이 주의를 기울인다.

몸 명상의 안내명상은 유튜브에 아래와 같이 네 가지 버전으로 올려놓았다. 일반적으로 15분 몸 명상을 표준으로 지도하고 실습한다. 그러나 조금 여유가 있으면 30분 몸 명상처럼 조금 길게 진행하면서 몸의 감각을 충분히 느끼는 것도 좋다. 몸 명상에 익숙해지면 3분 몸 명상으로도 좋은 휴식을 취할 수 있다. 차차 익숙해지면 때로 녹음 없이 스스로 진행해 보는 연습도 해본다.

몸 명상(바디스캔) 15분

 https://youtu.be/wZjLtMkNx58

몸 명상(바디스캔) 30분

 https://youtu.be/m2SNBUmxYxU

몸 명상(바디스캔) 20분

 https://youtu.be/yC2quexPjL0

몸 명상(바디스캔) 3분

 https://youtu.be/ByWEExN0MQA

'5-아사나 요가'에서 한 번에 다섯 가지 아사나를 모두 실행하지 않아도 좋다고 했듯이, 몸 명상에서도 한 번에 몸 전체에 대해 실행하지 않아도 좋다. 일하다가 혹은 공부하다가 잠시 쉴 때 머리와 얼굴만을 대상으로 가만히 감각을 느껴보는 것도 좋다. 지금 나의 정수리, 머리의 뒷면, 옆면, 이마, 미간, 양 눈썹, 두 눈, 양쪽 귀, 코, 입술, 구강, 혀, 뺨, 턱 등을 가만히 마음의 눈으로 바라보며 그곳에서의 감각을 음미하듯 잘 느껴보면 된다. 짧은 부분 몸 명상이지만, 머리가 무거웠다면 문득 머리가 가벼워졌음을 발견하게 될 것이다. 이런 식으로 나눠서 실행하는 '부분 몸 명상'을 통해서도 몸 명상의 효과를 볼 수 있고 몸 전체와 친해질 수 있다.

호흡 명상

행위 명상과 몸 명상에 익숙해지면 그다음으로 호흡 명상을 연습하는 것이 좋다. 반드시 그런 것은 아니지만 명상을 배울 때 처음부터 호흡 명상으로 시작하면 자칫 호흡이 갑갑하게 느껴지는 경우가 있다. 알게 모르게 호흡을 통제하려는 의도가 작용해서 그렇다. 호흡 명상을 배우기 전에 몸 명상에 익숙해지면 호흡 감각인 몸통 부위의 감각과도 자연스럽게 친해지게 된다.

가급적이면 호흡을 통제하지 않는다. 그냥 호흡은 몸에게 맡기고 다만 몸이 하는 호흡에 따라 호흡 감각을 느끼면 된다. 몸이 호흡을 하면 가슴, 배, 등, 옆구리가 늘어나고 줄어드는 감각과 배 안쪽에서의 압력의 변화에 따른 감각을 느낄 수 있다. 리듬 있게 변화하는 감각을 음미하듯 잘 느끼면 된다. 몸통 부위에서의 '부분 몸 명상'을 한다는 태도로 임해도 좋다.

명상을 시작할 때 명상의 리튜얼(ritual)처럼 심호흡을 몇 번 해도 좋다. 이렇게 하면 심호흡을 명상과 연합할 수도 있다. '이제 명상한다.'라고 몸에게 알려주는 것이다. 몇 차례 심호흡으로 명상 상태에 빨리 들어갈 수도 있다. 파블로프의 개 실험에서처럼 학습은 조건화다. 명상도 학습이다. 똑같은 조건화의 원리가 적용된다.

자세에 너무 신경 쓸 필요는 없다. 호흡 명상은 일반적으로 바닥이든 의자든 앉은 자세에서 연습한다. 허리를 적절히 바르게 펴고 어깨는 편안하게 이완하며 몸 어디에도 힘이 들어가지 않도록 한다. 제일 중요한 것은 '쉰다'의 자세다. 호흡 감각을 느끼려고 애쓰지 않는다. 다만 몸통 부위 어디에서 어떤 감각이 느껴지는지 또 매 순간 어떻게 변화하는지 음미하듯 잘 느끼면 된다.

처음부터 명상을 한 번에 길게 하려고 하지 않는다. 짧게 하더라도 자주 반복하는 것이 좋다. 명상 한다고 한 시간을 앉았더라도 공상, 망상만 하다가 끝낼 수도 있다. 중요한 것은 한 번을 해도 제대로 하는 것이 더 중요하다. 처음에는 한 번에 3분 정도의 시간 동안 명상을 하고 익숙해지면 차차 조금씩 늘려도 좋다.

열숨 명상

명상의 초보자라면 호흡 명상으로 '열숨 명상'을 추천한다. 열숨 명상은 열 번의 숨을 쉬는 동안 각 숨에 숫자를 붙이며 호흡 감각에 주의를 보내는 명상이다. 속으로 호흡의 숫자를 세는 것이 잡념을 줄이는 데 도움이 된다. 익숙해지면 숫자를 세지 않고 호흡 감각에만 주의를 모아도 좋다.

일반적으로 열숨 명상을 할 때 가만히 앉아서 한손은 가슴에 다른 한

손은 배에 얹고 속으로 호흡을 세면서 호흡 감각에 주의를 보낸다. 손을 가슴과 배에 얹는 것은 그렇게 하면 호흡 감각을 조금 더 잘 느낄 수 있기 때문이다. 익숙해지면 굳이 가슴과 배에 손을 얹지 않아도 된다. 보통 들숨에 숫자를 세고 날숨에 '숨-'이라고 속으로 말한다. 예를 들면 아래와 같다.

(들숨) (날숨)
하나--- 숨---
둘--- 숨---
셋--- 숨---

열--- 숨---

조금 더 상세히 설명하면 속으로 발음할 때 받침은 맨 나중에 붙인다. 예를 들면, '둘'의 경우 '두-우---ㄹ'이라고 발음하고 '숨'의 경우 '수-우---ㅁ'이라고 발음하면 발음이 더 부드럽고 자연스럽게 호흡과 밀착되는 느낌을 준다.

열숨 명상은 열 번의 호흡만으로 끝낼 수도 있고 시간을 정해서 반복해도 좋다. 보통 3분 정도 타이머를 맞추고 열숨 명상을 진행한다. 하나부터 열까지 다 셌으면 다시 하나부터 열까지 3분 동안 반복해서 숨을 세며 호흡 감각을 음미하듯 잘 느끼면 된다.

중간에 호흡 세는 것을 잊으면 다시 하나부터 세면 된다. 너무 잘하려고 하지 말고 하루 중에 틈틈이 3분씩 열숨 명상을 음미하듯 즐기면 된다. 3분 명상이 익숙해지고 시간 여유가 있을 때는 10분, 20분, 30분

명상을 해도 좋다. 물론 타이머 없이 단지 10번의 호흡 동안 열숨 명상을 해도 좋고 필요한 만큼 두 번 혹은 세 번 열숨 명상을 반복해도 좋다.

호흡 감각 : 몸이 주는 선물

누구나 호흡을 한다.
가만히 느껴보면 호흡 감각은 매 순간 미세하게 다르다.

호흡 감각은 몸이 주는 선물이다.
몸이 숨을 쉬며 만들어주는 선물이다.

고급 와인을 조금씩 천천히 음미하듯
매 순간의 호흡 감각을 놓치지 않고 음미하듯 느껴본다.

몸의 힘을 빼고 마음은 느긋이 하고
몸이 주는 선물, 호흡 감각을 온전히 즐긴다.

호흡 감각을 몸이 주는 선물이라고 보는 관점도 호흡 명상에 도움이 된다. 왜냐하면 호흡 감각을 느끼려고 지나치게 애쓰기 때문에 명상의 '쉰다'가 안 되는 사람들이 많기 때문이다. 이런 사람들은 명상을 '한다', 즉 유위(有爲, Doing)의 관점으로 보고 있는 것이다. 명상은 '쉰다(Resting)', '하지 않는다'이다. 즉, 무위(無爲, Non-Doing)인 것이다.

어려서부터 우리는 배운다는 것은 뭔가를 하는 것으로 알아왔다. 그러니 명상을 배울 때도 자꾸 뭔가를 하려고만 하는 것이다. 관점을 전환해야 한다. 명상은 '하는' 기술이 아니라 '안 하는' 기술이다.

현대인은 쉬는 것이 어렵다. 그래서 명상이 더 필요하다. 쉬는 것을 어려워하는 사람들에게 그냥 편안하게 음미하듯이 하라고 하면 '한다'에서 '쉰다'로의 전환이 좀 더 쉬워지는 것 같다. 마사지 받듯이, 고급 와인 음미하듯이 그저 호흡 감각을 가만히 음미한다는 태도를 가지면 욕구와 생각을 내려놓고 편안하게 쉴 수 있게 된다.

생각하지 않아도 되는 권리

호흡 명상을 하는 동안은 생각을 안 하려고 하는 것이 아니라
생각을 안 해도 되는 '권리'가 주어졌다는 자세로 임한다.
3분이든 5분이든 호흡 명상을 하는 동안은
아무 것도 안 해도 되는 권리가 주어졌다는 태도로 명상을 한다.

편안하게 아무것도 안 하고
그저 몸에서 숨이 들어오고 나가는 것을
무심히 구경한다.
아무것도 안 해도 되는 권리를 누리고 즐기는 기분으로 호흡을 구경한다.

영화관에 들어오면
직장의 스트레스도
사람과의 갈등도
다 내려놓고 영화만 관람하며 즐기듯
호흡 명상을 할 때는

모든 것을 내려놓고 몸이 하는 호흡을 구경하며 즐긴다.

이런 저런 생각이 일어나더라도 스스로를 책망하는 것이 아니라
'생각 안 해도 된단다.
그냥 쉬어도 되는 시간이야.'
이렇게 부드럽게 다독여주며
슬쩍 호흡 감각으로 돌아온다.

소리가 들려도 된다.
소리와 이런 저런 생각으로 시비를 걸지 않는다.
거기 소리가 있어도 된다고 허용한다.
다만 생각하지 않아도 되는 권리를 누리며
편안하게 몸이 숨 쉬는 모습을 구경한다.

✎

명상의 기본은 '쉰다'이다. 일상의 욕구와 생각을 쉬는 것이다. 명상에 임할 때 이런
'쉰다'의 태도가 중요하다. 아무 것도 안하고 쉰다는 게 일견 쉬워보일지도 모른다.
그러나 실제로 해보면 그렇지 않다는 것을 알 수 있다. 인간은, 특히 현대인은 생각이
많다. 잘 쉬지 못하는 것이 자동화되고 습관이 됐다. 그러나 그런 만큼 명상이 더 필
요하다고 하겠다. 욕구와 생각을 쉬는 것은 분명히 기술이다. 마음의 기술이다. 꾸준
히 하다 보면 몸에 붙일 수 있는 기술이다.

잘하려고 하는 욕구를 내려놓는다. 특히 어쩌다 경험하게 된 명상의 고요와 편안함을
다시 경험하려고 한다면 명상을 망치게 된다. 그런 강한 욕구가 있는데 어떻게 욕구
와 생각을 쉬는 명상이 되겠는가. 목적의식을 내려놓고 다만 '쉰다.'

생각을 안 하려고 하는 것도 매우 강한 욕구다. 생각은 안 하려고 하면 더 떠오르는 정신역설효과(mental irony effect), 소위 '북극곰 효과'가 있다는 점을 잊지 말자. 이 때 생각을 안 하려고 하는 것에서 관점을 전환해서, 명상하는 짧은 시간 동안만이라도 스스로에게 생각을 안 해도 되는 '권리'를 부여한다는 태도를 취하면 욕구와 생각을 내려놓기가 한결 수월해진다.

호흡 명상을 돕는 팁 : 호흡 먹기

아무리 맛있는 음식도 계속 먹으면 더 이상 맛있지 않다.
어떤 음식도 웬만큼 먹고 나면 더 이상 먹을 수 없다.
배가 부르면 산해진미도 다음에 다시 배가 고플 때까지는 즐길 수 없다.

그러나 숨은 그렇지 않다.
숨은 얼마든지 먹을 수 있다.
들어간 숨은 곧바로 나오기 때문에 숨은 늘 고픈 상태다.

숨은 얼마든지 즐길 수 있다.
살아있는 동안 늘 즐길 수 있다.

값비싼 고급 와인도 동네 슈퍼 와인 마시듯이 하면 제대로 맛을 느끼지
　못하지만
동네 슈퍼 와인도 값비싼 고급 와인 음미하듯이 하면 맛을 더 잘 느낄
　수 있다.

숨도 그렇다.

들숨, 날숨 매 순간의 숨에 온전히 주의를 보내며 음미하면 숨을 즐길
  수 있다.

숨은 음식과 달리 공평하다.
음식은 돈 많은 사람이 더 비싸고 맛있는 음식을 먹을 수도 있다.
그러나 숨은 누구에게나 똑같이 공짜다.

숨은 누구나 즐길 수 있다.
살아있는 동안 늘 즐길 수 있다.

한 호흡, 한 호흡
주의를 기울여 음미한다.
온 몸을 채우며 들어오는 시원한 들숨의 감각을 즐긴다.
온 몸의 긴장을 감싸 안고 나가는 날숨의 편안함을 느낀다.
매 순간 몸에서 느껴지는 미세하고 미묘한 감각의 변화를 온전히 음미
  한다.

들숨
날숨
충분히 들이쉬고
충분히 내쉰다.

들숨
날숨

서 있든 앉아 있든 아니면 누워 있든
편안한 자세로 언제 어디서나 즐겨보자.

들숨
날숨
기쁠 때도 슬플 때도
불안할 때도 화가 날 때도
자연이 주시는 생명의 선물
숨을 가만히 음미하자.

평소에는 숨을 잘 쉬다가도 호흡 명상만 하려고 하면 호흡이 답답해지는 사람들이 있다. 명상을 잘하려는 마음이 크다보니 자칫 호흡을 통제하게 되어서 그런 것이다. 숨을 길게 쉬어야하고 깊게 쉬어야 할 것 같아 알게 모르게 호흡을 조절하게 되면 자연스러운 호흡의 리듬을 방해하게 된다. 이렇게 하면 안 된다는 것을 깨달아도 이미 이런 방식이 습관이 된 사람은 고치기가 쉽지 않다. 그렇지만 위와 같이 호흡에 대해 다른 관점을 갖고 호흡을 대하다 보면 차차 호흡하는 것이 편안해지고 재미있어지기도 한다. 호흡 명상이 답답하거나 힘든 분에게 도움이 되기 바란다.

'더 뭘 바래?!' : 명상을 돕는 웰빙인지

'더 뭘 바래?!'
이 말은 명상할 때 도움이 되는 웰빙인지문장이다.
또 평소에 명상을 하지 않을 때도 종종 떠올려보면
명상상태와 같은 마음의 평화를 회복하는 데 도움이 된다.

'더 뭘 바래?!'
명상이 잘 될 때
욕구와 생각이 잘 쉬어져서
편안한 상태가 될 때
더 바랄 것이 없는
자족의 상태가 된다.
이때 마치 배터리 충전되듯
영혼의 에너지가 충전된다.

그러나
이런저런 일로 마음이 심란할 때는
가만히 명상에 잠기려고 해도
온갖 욕구와 생각이 일어난다.
명상을 하고 있는지
망상을 하고 있는지
모를 지경이 되기도 한다.

웰빙인지기법은 생각을 생각으로 다스리는 기법이다.
이이제이(以夷制夷) 이열치열(以熱治熱)의 기법이다.
'더 뭘 바래?!'
이 한마디가 들끓는 욕구와 생각들을 잠재운다.
때로는 한칼에 잠재우고
때로는 보채는 아기를 달래는 엄마의 자장가처럼 서서히 잠재운다.

한번이라도
명상의 고요한 맛을 본 사람은 안다.
명상의 고요한 때
말없는 상태일 때
어떠한 것 없이도 지금 이대로 자족의 충만된 상태임을.

다만 앉아서 호흡을 느낄 때
편안하고 고요한 평화로움을 느낀다.
이러한 평화를 느끼는데
돈
지식
권력
외모
나이
…
그 어떤 것도 필요하지 않다.
기본 의식주 갖춰졌다면
다만 욕구와 생각 쉴 줄만 알면 된다.

'더 뭘 바래?!'
이 한마디에
'그렇지!' 라고 추임새 넣으며
문득
지금-여기의 감각세계에 접속하며

욕구와 생각을 쉰다.

가만히
호흡에 집중하며 쉬든
이를 닦으며 쉬든
설거지 하며 쉬든
식사를 하며 쉬든
걸음을 걸으며 쉬든
샤워를 하며 쉬든
청소를 하며 쉬든
다만
감각을 음미하며
욕구와 생각을 쉰다.
더 바랄 것이 없는
고요한 평화로운 세계에 접속한다.

평소에도
어쩐지
마음이 평화롭지 않다면
가만히 읊조려 본다.
'더 뭘 바래?!'
이 한마디
가만히 음미하며
욕구와 생각을 쉰다.

발바닥의 감각만 느끼며 집중형 걷기 명상을 하든

주변의 감각까지 느끼며 개방형 걷기 명상을 하든

다만 걸으며 감각을 경험할 때

편안하고 고요한 평화로움을 느낀다.

더 바랄 것이 없다.

이런 평화를 느끼기 위해

명문 대학에 입학해야만 하는 것이 아니다.

대기업에 입사해야만 하는 것이 아니다.

강남에 아파트를 가져야만 하는 것이 아니다.

…

그 어떤 것도 필요하지 않다.

다만 욕구와 생각 쉴 줄만 알면 된다.

소박한 식사 한 끼라고 해도

온전히 음식의 맛을 음미하며 먹는다면

맛이 주는 즐거움과

편안한 행복감을 느낄 수 있다.

대기업 회장이라고 해도

아무리 값비싼 산해진미를 앞에 놓고 있다고 해도

마음이 이런저런 욕구와 생각으로 채워져 있다면

숟가락이 음식 맛을 모르듯이

맛의 기쁨을 느낄 수 없다.

다만 욕구와 생각 쉴 줄만 안다면

무엇과도 비교할 수 없는 편안하고 행복한 식사를 할 수 있다.

예수께서는

마음이 가난한 자 복(福)이 있나니

천국이 저들의 것이라고 하셨다.

욕구와 생각을 쉴 때

마음의 가난을 회복한다.

마음이 가난한 상태가 바로

고요하고 평화로운 자족감의 복이다.

천국이 따로 밖에 있지 않을 것이다.

'더 뭘 바래?!'라고 속으로 되뇔 때 억양과 말투가 중요하다. 마치 야단치듯이 '더 뭘 바래!!'라고 하는 것이 아니다. 그보다는 '너도 알잖아. 이미 충분하다는 것을.'라고 말하듯 '더 뭘 바래?!'라고 한다. 명상하며 욕구와 생각이 잘 쉬어졌을 때, 마음이 편안할 때 그때의 자족 상태에서 자연스럽게 나오는 '더 뭘 바래?!'를 기억하고 종종 떠올려보며 가만히 음미하듯 되뇌면 욕구와 생각이 좀 더 잘 내려놓아지고 편안해진다.

명상할 때 잡생각이 많다면

어떤 학습이든지 학습에는 두 가지 장애물이 있는데 그것은 완벽주의와 자기비난이다. 명상을 배울 때도 마찬가지다. 완벽주의와 자기비난은 서로 연결되어 있다. 완벽을 추구하다 보면 완벽하지 않는 자신을 비난하게 되고 그러다 보면 자신은 명상에 맞지 않다고 지레 포기하게 된다. 완벽주의는 명상을 배우는 데 방해 요인이다. 금도 100% 순금은 없다. 너무 완벽하게 잘하려고 하지 않는 것이 좋다.

호흡 명상을 할 때 당연히 잡생각이 날 수 있다. 그러나 명상을 하지 않을 때처럼 맥없이 앉아 이 생각 저 생각을 할 때와는 다르다. 호흡 감각에 마음을 모으고 10분 정도 있다고 하면 1분 정도는 호흡 감각을 느끼지 않았을까? 명상을 하지 않았다면 10분 동안 잡생각을 했을 것이다. 명상을 배우는 사람은 명상이 잘된 부분에 초점을 두어야 한다. '9분 동안 여전히 생각이 많구나.' 라고 생각하는 것이 아니라 '1분 동안 내가 고요할 수 있었네!' 라고 생각할 수 있게 된다.

테니스, 명상, 악기 등 무슨 학습을 하더라도 조금이라도 발전하는 것에 초점을 두면 학습이 원만하게 이루어진다. 명상의 경우에도 '1분 내가 고요했네!' 라고 하면 또 하고 싶은 마음이 생긴다. '9분 동안이나 잡생각에 시달렸구나! 명상이 나와 안 맞나보다!' 라고 하면 명상을 안 하게 된다. 호흡 감각에 집중이 잘된 1분에 초점을 두면 1분이 2분이 되고, 2분이 3분이 된다. 조급하게 빨리 어떤 상태에 가려고 하면 그만큼 뒤로 간다. 명상은 내가 애를 쓰면 애를 쓸수록 뒤로 간다.

이 닦이 행위 명상을 할 때에도 '왜 이렇게 생각이 많은 거야! 나는 명상이 안 맞나보다!' 라고 하면 안하게 되지만, '그전에는 3분 내내 잡생각 했는데 이제는 30초 정도는 이 닦는 감각, 향, 맛, 소리 등에 주의를 둘 수 있었다!' 이렇게 잘한 것에 초점을 두면 그 다음에도 이를 닦을 때 행위 명상으로 이 닦기를 할 수 있다.

공부 좋아하는 사람들, 성실한 사람들, 특히 대한민국의 성실한 사람들. 우린 얼마나 열심히 사는가. '빨리빨리 열심히' 해왔기 때문에 우리 대한민국이 짧은 기간에 지금의 놀라운 발전을 이룬 것 아닌가. 대단한 한국인 아닌가. 그러나 이제 한국인한테 필요한 것은 그 마음을 쉴 줄 아는 기술이다. 마음을 쉬는 마음기술을 익힐 때가 된 것이다.

'나는 죽을 때까지 명상할 거야.' 이런 여유 있는 자세로 명상에 임한다. 죽음의 순간에도 '숨이 들어오는구나, 나가는구나.'라고 하며 편안하게 갈 수 있다면 좋은 임종이지 않을까. 느긋한 자세로 '오직 할 뿐'. '오직 할 뿐'의 마음으로 꾸준히 할 뿐이다. 이렇게 하다 보면 즐기게 된다. 마음이 결과에 가있지 않고 매 순간을 즐길 수 있게 된다. 이 닦기 명상이든, 호흡 명상이든, 커피를 마시는 커피 명상이든 매 순간을 즐길 수 있게 된다.

마음챙김

마음챙김이란 무엇인가

마음챙김은 마음을 보는 것이다. 마음에서 보고 듣고 하는 감각도 일어나고, 좋고 싫은 감정도 일어나고, 이런 저런 생각도 일어나고, 하고 싶다는 욕구도 일어난다. 마음챙김은 이렇게 마음에서 일어나는 일들을 보는 것이다. 그것도 어떠한 욕구나 생각을 넣지 않고 있는 그대로 바라본다. 마음챙김은 내 마음을 구경하는 것이다. 내 마음이 밖을 보고 있어도 마음챙김은 그 마음을 구경한다.

명상이 감각에 주의를 보내며 욕구와 생각을 내려놓고 깨어 있는 것이라면, 마음챙김은 욕구와 생각을 내려놓고 마음을 보는 것이다. 이런 점에서 명상은 순수한 주의(bare attention)의 훈련이라고 한다면, 마음챙김은 순수한 상위주의(bare meta-attention)의 훈련이다(김정호, 2011, 2020). 마음챙김을 명상과 같은 의미로 사용하는 경우도 있지만, 마음챙김은 명상이 아니다. 물론 명상을 할 때도 고요한 내 마음을 바라볼 수 있다. 그러나 명상을 하지 않고 일상생활 속에서 욕구와 생각을 사용할 때도 내 마음을 구경할 수 있다.

명상을 하면서 마음을 관찰하는 마음챙김을 마음챙김명상이라고 하고 일상생활 속에서 욕구와 생각을 사용하며 마음을 관찰하는 마음챙김을 일상의 마음챙김이라고 한다. 일상의 마음챙김 중 스트레스를 경험할 때 그 마음을 바라보는 것은 스트레스 마음챙김, 웰빙을 경험할 때 그 마음을 바라보는 것은 웰빙 마음챙김으로 구분하기도 한다.

마음챙김을 하면 나를 객관화할 수 있다. 나에 대한 객관화는 마음공부에 중요하다. 우리는 자기객관화에 취약하다. 눈이 밖을 향하고 있어서 그럴까. 우리는 자신을 객관적으로 보는 것을 잘 못한다. 마음챙김을 통해 나의 욕구, 생각, 감정, 감각, 행동을 제3자의 시각에서 있는 그대로 볼 수 있다.

마음챙김을 통해 나의 욕구, 생각, 감정, 감각, 행동 등을 객관적으로 볼 수 있으면 욕구와 생각을 좀 더 현명하게 사용할 수 있다.

명상 vs 마음챙김

코로나 사태로 화상강의를 하니 집에서 아내와 식사하는 일이 많다.

아내와 식사 할 때 종종 내가 내뱉는 말이 있다.

"이런 맛을 느낀다니. 참 신비하다!"

며칠 전에는 아내가 이렇게 받는다.

"맛이 신비하다는 거야, 맛을 느낀다는 것이 신비하다는 거야?"

그래서 내가 그랬다.

"오, 그렇게 말할 줄 아는 것을 보니 당신은 마음챙김을 아네!"

'알아차림'을 한다면 마음챙김을 하는 줄로 아는 경우가 많다. 그러나 그렇지 않다. 무엇을 알아차림 하느냐에 따라 마음챙김일 수도 있고 그렇지 않을 수도 있다. 마음챙김이 됐다면 '상위-알아차림'이 되어야 한다. 주의(attention)를 보내면 의식(consciousness) 현상이 일어난다. 의식은 알아차림(awareness)이라고도 한다. 마음챙김은 특수한 주의로서 '순수한 상위-주의(bare meta-attention)'다. 그러므로 마음챙김을 하면 '순수한 상위의식' 혹은 '순수한 상위-알아차림' 현상이 일어난다.

명상은 '순수한 주의(bare attention)'다. 명상을 하면 '순수한 의식' 혹은 '순수한 알아차림' 현상이 일어난다. 건포도 하나를 놓고 명상을 한다면, 즉 선입관이나 고정관념 없이 있는 그대로 건포도의 맛을 느끼고 있다면 건포도 맛을 있는 그대로 알아차림 할 수 있다. 즉, 순수한 알아차림을 할 수 있다. 이때 다음과 같은 말이 나올 수 있다. "와, '건포도 맛'이 참 신비하다!" 이때 마음챙김도 함께 된다면, 즉 건포도 마음챙김명상을 하게 된다면 건포도를 순수하게 맛보고 있는 자신을 보게 된다. 이때 다음과 같은 말이 나올 수 있다. "와, 어떻게 이렇게 '맛'을 느낄 줄 아냐! 신비하다!"

건포도 명상에서는 건포도 맛을 있는 그대로 알아차린다. 호흡 명상에서는 호흡 감각을 있는 그대로 알아차린다. 그러나 건포도 마음챙김명상은 건포도 맛만 있는 그대로 알아차리는 것이 아니다. 건포도 맛을 알아차리고 있음을 알아차린다. 알아차리는 나를 알아차리는 것이다. 마찬가지로 호흡 마음챙김명상은 호흡 감각만 있는 그대로 알아차리는 것이 아니다. 호흡 감각을 알아차리고 있음을 알아차린다. 알아차리는 나를 알아차리는 것이다.

보통사람들은 밖에서 새가 우는 소리를 듣고 '어, 새가 우는구나!'라고 생각한다. 이때 마음챙김을 한다면 '어, 새가 우는 소리를 듣고 있구나!'라고 한다. 일반적으로 우리는 마음'에서' 세상을 보고 듣는다. 마음챙김을 한다는 것은 자심반조(自心返照), 즉 내 마음'을' 돌아보는 것이다. 마음챙김을 할 때 세상을 경험하면서 동시에 경험하는 나를 경험한다.

마음챙김 : 자기객관화와 심리치료

마음챙김은 자신의 의식경험을 있는 그대로 보는 것이다. 의식경험에는 세상도 들어있고 나의 몸과 마음의 현상도 들어있다. 새소리를 들으며 아름다운 소리구나, 라는 생각이 들고 기분이 좋아지며 더 듣고 싶은 욕구가 일어나 새소리가 나는 쪽으로 다가갈 수 있다. 이때 마음챙김을 하고 있다면 나의 의식공간에 새소리라는 청각감각이 나타났음을 알아차린다. 즉 내가 새소리를 듣고 있음을 알아차린다. 또한 새소리에 대해 아름답다는 판단을 하고 있음도 알아차리고 기분이 좋아짐도 알아차리고 새소리를 더 듣고 싶어하는 욕구도 알아차리며 새소리가 나는 방향으로 몸이 움직이는 것도 알아차린다.

이렇게 마음챙김을 하면 세상을 경험하면서 동시에 경험하는 나를 경험하게 되면서 나에 대한 객관화가 이루어진다. 일반적으로 새소리를 들을 때 새소리는 나의 주관적 경험의 대상이다. 그런데 마음챙김을 하면 새소리를 듣는 나 자신도 경험의 대상이 된다. 새소리에 대한 판단이나 느낌이나 관련된 욕구도 내 경험의 대상이 된다. 또한 새소리가 나는 쪽으로 이동하는 행동, 즉 몸과 몸의 움직임도 내 경험의 대상이 된다.

마음챙김이 상담이나 심리치료에 도입되어 활용되는 것은 무엇보다 마음챙김이 주는 마음에 대한 객관화의 효과라고 할 수 있다. 예를 들어, 우울증의 심리장애로 고통받는 사람이 마음챙김 훈련을 통해 우울의 감정을 있는 그대로 바라보며 객관화한다. 우울이나 우울과 관련된 욕구와 생각 등도 있는 그대로 바라보며 객관화한다. 우울'에서' 자기 자신과 세상을 보다가 우울이나 우울과 관련된 욕구와 생각 등'을' 보는 것이다. 그것도 있는 그대로 봄으로써 객관화하는 것이다. 심리학 용어로는 탈동일시라고도 한다. 우울이나 우울과 관련된 욕구와 생각 등을 자기 자신으로 여기는 동일시로부터 벗어나게 되는 것이다. 더 이상 우울에 집착하지 않게 되는 것이다.

동아시아 선불교의 시조인 달마(達磨) 대사와 그의 법맥을 이은 혜가(慧可) 대사 사이의 문답은 한 번의 마음챙김을 통해서도 마음의 고통을 치유할 수 있음을 보여준다. 출가하기 전 신광(神光)이라는 이름의 혜가는 달마 대사를 만나고 이렇게 말한다. "제 마음이 많이 괴롭습니다. 부디 마음을 편안하게 해주십시오." 그러자 달마 대사가 이렇게 답한다. "그 괴로워하는 마음을 내게 보여라. 그러면 편안케 해주겠다." 이 말을 들은 혜가는 잠시 후 이렇게 말한다. "스님, 그 마음을 찾을 수가 없습니다." 그러자 달마 대사는 "그럼 내가 이미 그대 마음을 편안하게 해주었다."라고 대답하는데 그 말에 혜가가 크게 깨닫게 된다. 이 이야기는 달마의 안심법문(安心法門)으로 널리 알려져 있다.

안심법문 이야기처럼 단 한 번의 자심반조(自心返照)로 마음의 고통으로부터 벗어나는 것은 혜가 대사와 같은 대단한 상근기의 인물이나 가능하다고 생각할 수 있다. 그러나 이러한 상근기의 인물이 역사 속에만 있고 매운 드문 것은 아닌 것 같다. 불법을 공부하는 심장내과의사 J 원장은 찾아온 공황장애 여성을 달마의 안심법문 얘기만으로 낫게 한 경험을 갖고 있다. 이 여성은 약 없이는 지하철이나 엘리베이터도 못 타고 터널도 지나다니지 못하는 상태였는데 그 어머니가 혹시 심장문 제가 아닌가 하고 J 원장에게 데려왔던 것이다. J 원장이 안심법문 이야 기를 들려주고 당신의 괴로워하는 마음을 찾아서 내놓으라고 하자 이 여성의 얼굴이 갑자기 무엇에 얻어맞은 듯 하더니 바로 환해지며 눈물 을 흘렸는데 뭔가를 느낀 것으로 보였다고 한다. 그 후로 이 여성은 약 을 먹지도 않고 공황장애 증상 없이 잘 지낸다고 한다.

　물론 이와 같이 한 번의 마음챙김으로 심리적 고통으로부터 벗어나는 일은 드문 일이다. 일반적으로는 이치적으로는 쉽게 이해해도 꾸준한 훈련을 반복해야 동일시의 습관이 녹게 된다.

마음챙김 : 탈동일시와 깨달음

마음챙김을 통해 몸과 마음에 대한 객관화가 이루어지면 몸과 마음의 연결성이 조금 느슨해진다. 만약에 몸과 마음에 대한 객관화가 철저해 진다면 내 몸과 내 마음의 여러 가지 현상들, 즉 욕구, 생각, 감정, 감각 등은 내가 아니며 다만 내 인식의 대상이다. 내 눈 앞에 있는 컵, 마우 스, 키보드, 모니터 등처럼 내가 아니다. 왜? 내가 관찰할 수 있고 인지 할 수 있는 내 인식의 대상이기 때문이다.

　마음챙김을 통한 몸과 마음의 객관화가 철저해지면 몸과 마음으로부 터 철저하게 탈동일시되어 나의 정체성에 대한 근본적인 변화가 일어 난다. 밖에서 일어나는 현상이나 안에서 일어나는 현상이나 모두 대상화되고 안팎이 따로 없게 된다. 눈앞에 보는 모든 사물들이나 내 몸이나 내 마음에서 일어나는 욕구, 생각, 감정, 감각 등이 모두 나의 의식 공간에서 경험되는 것들이다. 주관이나 객관이나 모두 한바탕에서 일어나는 일임을 알게 된다. 그러나 그 자리는 알 수 없다. 하늘의 별이든 책상 앞의 모니터든 내 마음의 우울이든 모든 것을 있는 그대로 느끼고 알지만 느끼고 아는 그 나, 그 자리는 알 수 없다. 알 수 있다면 그것은 인식의 대상일 뿐이다. 분명히 있지만 알 수 없음을 알게 된다. 화두 수행 등 다른 수행법으로 이러한 깨달음을 얻기도 한다. 때로는 깨달음이 갑자기 나타나며 그 경험이 매우 강렬하기도 해서 한 동안 지속되기도 한다. 그러나 결국 나타난 것은 사라지므로 다시 몸과 마음의 동일시에 묶이게 된다. 뿐만 아니라 그 경험이 특별하기는 하지만 그것 역시 인식된 대상일 뿐이다. 오히려 그런 경험이 체험 후의 수행에 장애가 될 수도 있다.

허공중에 쥐고 있던 물건을 놓으면 바닥으로 떨어진다. 어떤 물건도 누구도 지구의 중심을 향해 끌려가는 중력(重力)을 벗어날 수 없다. 마찬가지로 어떤 수행으로 나와 세계를 새롭게 보는 눈(觀)을 얻더라도 업력(業力)을 벗어나는 것은 쉽지 않다. 몸과 마음에 대한 동일시는 중력만큼이나 강하다. 쉽게 벗어날 수 있는 것이 아니다. 마음챙김은 나와 세계를 새롭게 보는 눈(觀)을 얻는 데도 도움을 주지만 그 후의 삶에도 필요한 수행이다.

또한 중력이 우리가 우주의 미아가 되지 않고 지구에서 생활할 수 있게 해주는 기반이듯이, 몸과 마음의 적절한 동일시는 우리가 지구에서 살아가는 데 필수적이다. 몸과 마음에 지나치게 집착하는 것도 고통의 원인이지만 너무 떨어지게 되면 인간의 삶이라고 하기 어려우며 때로

비정상적이기도 하다. 몸과 마음을 달걀 다루듯이 하는 것도 필요하다 ['에고(ego)와 달걀(egg) 쥐기' 참조]. 또한 다음 장에서 다루는, 마음을 잘 쓰는 긍정심리의 마음기술이 함께 수행되어야 전체적으로 조화로운 마음수행을 할 수 있다. 지구상의 모든 존재가 중력의 영향을 받지만 여러 기술로 빠르게 달리기도 하고 하늘을 날 수도 있는 것처럼 마음을 운용하는 마음기술의 능력을 얻는 만큼 자유로울 수 있다.

안으로 마음챙김과 밖으로 마음챙김

일반적으로 우리는 자신의 몸과 마음에 지나치게 집착 혹은 동일시하며 살고 있고 그것으로부터 많은 고통을 경험한다. 마음챙김은 이러한 경향으로부터 벗어나게 하는 훈련이다. 그러나 그것이 몸과 마음으로부터 완전히 분리되는 것은 아니다. 어떤 면에서는 마음챙김을 통해 그 어느 때보다 자신의 몸과 마음을 잘 이해하고 가까워진다. 몸과 마음을 좋은 친구로 삼게 된다는 표현을 쓸 수도 있다.

　마음챙김의 객관화가 자칫 몸과 마음으로부터 너무 떨어져서 이인증(離人症, depersonalization)의 해리장애(解離障礙, dissociative disorder)처럼 되어서는 곤란하다. 이런 점에서 안으로 마음챙김과 밖으로 마음챙김이 함께 조화를 이루는 것이 필요하다(김정호, 2016, 2018, 2020). 자신이 경험하는 욕구, 생각, 감정, 감각, 행동 등을 있는 그대로 바라보는 것이 마음챙김이다. 마음챙김에서 내가 이런 욕구, 생각, 감정, 감각 등을 경험하고 있음을 있는 그대로 아는 것은 안으로 마음챙김이다. 밖으로 마음챙김은 나의 전반적인 상태나 행위에 대한 있는 그대로의 바라봄이다. 호흡을 하며 앉아 있을 때 몸의 감각이나 호흡 감각을 경험하고 있음을 분명히 자각하는 것은 안으로 마음챙김이고, 내 몸이 이렇게 앉아 있음과 호흡을 하고 있음을 분명히 자각하는 것은 밖으로 마음챙김이다. 불안한 상태에 있을 때 불안한 감정, 오가는 욕구와 생각, 몸의 반응으로 나타나는 감각 등을 있는 그대로 떨어져 볼 수 있는 것은 안으로 마음챙김이고, 몸과 마음이 불안한 상태에 있음을 밖에서 보듯이 있는 그대로 보는 것은 밖으로 마음챙김이다.

마음챙김은 나에 대한 객관화다. 밖으로 마음챙김은 마치 밖에서 제3자가 보듯이 나를 본다. 마치 CCTV로 보듯이 혹은 드론을 띄우고 보듯이 나를 본다. 몸이 앉아 있으면 앉아 있는 줄 안다. 몸이 설거지를 하고 있으면 설거지를 하고 있는 줄 안다. 몸이 이를 닦고 있으면 이를 닦고 있는 줄 안다. 걸으면 걷고 있는 줄 안다. 서 있으면 서 있는 줄 알고 앉아 있으면 앉아 있는 줄 안다. 불안하면 불안한 줄 안다. 우울하면 우울한 줄 안다. 화가 나면 화가 나는 줄 안다.

안으로 마음챙김은 마치 안에서 제3자가 보듯이 나를 본다. 앉아 있든 서 있든 걷든 설거지를 하든 이를 닦든 몸에서 안으로 경험할 수 있는 감각을 있는 그대로 제3자가 보듯이 본다. 각각의 감각을 경험하고 있음을 있는 그대로 자각한다. 불안하든 우울하든 화가 나든 감정이 일어날 때 각각의 감정과 몸에서의 감각, 관련해서 일어나는 욕구와 생각 등을 있는 그대로 바라본다.

마음챙김을 할 때 안으로 마음챙김과 밖으로 마음챙김이 조화를 이뤄야 한다. 마음챙김을 잘못 이해하면 밖에서 나를 제3자가 보듯이 보는 것으로만 이해하면 자칫 이인증의 해리장애와 유사해질 수도 있다. 안으로 마음챙김을 통해 객관적 시각으로 자신의 내부에서 관찰할 수 있는 것들을 온전히 경험할 수 있어야 한다. 이런 면에서도 마음챙김명상을 하기 전에 먼저 명상을 통해 감각과 충분히 친해지는 작업이 필요하다.

안으로 마음챙김과 밖으로 마음챙김의 조화와 균형은 구심력과 원심력의 비유로 설명할 수 있다. 달이 지금의 궤도에서 조금만 더 지구와 가까워져도 구심력에 의해 지구와 부딪치게 된다. 반대로 지금의 궤도에서 조금만 더 지구로부터 멀어져도 원심력에 의해 우주미아가 돼버린다. 마음챙김을 할 때 안으로 마음챙김과 밖으로 마음챙김이 조화와 균형이 잘 맞아야 한다.

참고로 대념처경(大念處經, Mahāsatipaṭṭhāna sutta)에는 다음과 같이 안으로 마음챙김과 밖으로 마음챙김에 대한 언급이 나온다.

"… 이와 같이 안으로 몸에서 몸을 관찰하며 머문다. 혹은 밖으로 몸에서 몸을 관찰하며 머문다. 혹은 안팎으로 몸에서 몸을 관찰하며 머문다…
… 이와 같이 안으로 느낌에서 느낌을 관찰하며 머문다. 혹은 밖으로 느낌에서 느낌을 관찰하며 머문다. 혹은 안팎으로 느낌에서 느낌을 관찰하며 머문다…
… 이와 같이 안으로 마음에서 마음을 관찰하며 머문다. 혹은 밖으로 마음에서 마음을 관찰하며 머문다. 혹은 안팎으로 마음에서 마음을 관찰하며 머문다…
…이와 같이 안으로 법에서 법을 관찰하며 머문다. 혹은 밖으로 법에서 법을 관찰하며 머문다. 혹은 안팎으로 법에서 법을 관찰하며 머문다…" (각묵, 2004)

마음챙김 : 잊지 않음과 자기객관화

마음챙김을 통해 순간적으로 자신의 마음상태를 있는 그대로 알아차림하는 것만으로도 현명한 선택과 행동에 도움이 되지만 마음챙김의 알 알아차림은 지속할 수 있어야 한다. "마음챙김은 단지 바라봄이 아니라 지켜봄이다. 마음챙김이 지속될 수 있을 때 우리는 마음의 현상에 대한 인내력(tolerance)도 갖추게 된다. 마음에 불안, 우울, 분노 등의 부정정서가 자리 잡고 있어도, 마음의 어떤 불편함이 있어도 마음챙김 할 수 있을 때 그러한 불편함과 함께 있을 수 있는 힘, 즉 인내력을 갖고 있는 것이다."(김정호, 2018, p.10)

참고로 마음챙김은 팔리어(Pali)의 'sati'의 번역어다. "sati에는 본래 기억이란 뜻이 있는데, 인지심리학적 입장에서 볼 때, 이는 관찰대상에 대해 끊임없이 마음챙김을 하기 위해서는 그 집중하고자 하는 시도를 혹은 관찰대상을 염념불망 잊지 않고 작업기억(working memory)에 계속 유지하고 있어야 한다는 점에서 기억의 의미가 있는 sati를 사용한 것이 아닌가 생각된다. 참고적으로 Nyanaponika(1962, 9)에 따르면, sati에 원래 기억의 뜻이 있으나, 불교적 용례, 특히 빠알리어(Pali) 경전에서 사용될 때는, 과거사건의 기억이라는 의미로는 거의 쓰이지 않고, 대개의 경우 현재를 가리키며 '주의(attention)' 혹은 '의식(awareness)'의 뜻을 갖는다."(김정호, 1994, pp.191-192) 한마디로 마음챙김은 마음의 현상에 주의를 보내며 그것을 잊지 않고 작업기억에 유지하는 것이다.

마음챙김을 할 때 앉아 있으면 앉아 있음을 알고 있다. 서 있으면 서 있음을 안다. 걸으며 걷고 있음을 잊지 않는다. 어떤 행위를 하든 무엇을 하고 있는지 잊지 않는다. 별 것 아닌 것 같지만 내가 어떤 상태에 있는지 무엇을 하고 있는지 잘 알고 있는 것이 중요하다. 더 중요한 것은 그것을 놓치지 않고 지속하는 것이다. 즉 지금 어떤 상태에 있고 무엇을 하고 있는지에 주의를 유지하며 알아차림을 잊지 않고 작업기억에 유지하는 것이다. 이것은 몸과 마음 중 몸의 객관화를 돕는다. 안으로 몸에서 경험되는 감각을 온전히 본다. 밖으로 몸이 어떤 상태에 있고 무엇을 하는지 온전히 본다. 이와 같이 안으로 마음챙김과 밖으로 마음챙김을 함께 한다. 특히 안으로 마음챙김이 함께 해야 밖에서 떨어져 보듯 하는 밖으로 마음챙김으로 자칫 해리반응으로 떨어지지 않는다.

욕구가 일어나면 욕구가 일어나는 줄 안다. 생각이 일어나면 생각이 일어나는 줄 안다. 감정이 일어나면 감정이 일어나는 줄 안다. 감각이 일어나면 감각이 일어나는 줄 안다. 이런 알아차림을 잊지 않고 지속하며 놓치지 않는다. 이것은 마음의 객관화를 돕는다. 안으로 각각의 현상적 경험을 온전히 본다. 밖으로 각각의 현상적 경험이 어떤 욕구이고, 어떤 생각이며, 어떤 감정이고, 어떤 감각인지를 또렷이 안다. 이와 같이 안으로 마음챙김과 밖으로 마음챙김을 함께 한다.

스트레스를 경험할 때는 스트레스 경험을 온전히 경험하며 바라본다. 스트레스를 경험할 때 몸과 마음에서 일어나는 현상을 분명하게 안으로도 밖으로도 마음챙김하며 몸과 마음에 대해 철저하게 자기객관화를 한다. 마음챙김을 할 때 나는 바라보는 자, 주시자가 된다. 한편으로는 욕구와 생각을 일으키는 자이기도 하지만 또 다른 한편으로는 그것을 바라보는 주시자이기도 하다. 마음챙김을 하지 않을 때와는 다르게 스트레스를 경험하게 된다. 스트레스와의 관계가 바뀐다. 단지 스트레스를 경험하는 자에서 스트레스를 경험하는 자를 바라보는 자가 된다.

마음챙김은 몸과 마음을 놓치지 않고 바라보며 철저히 객관화한다. 몸에서 몸을 꿰뚫어 알고 마음에서 마음을 꿰뚫어 안다. 바깥세계는 이미 객관의 세계인데 보는 주관의 세계인 나마저 객관화될 때 객관은 무엇이고 주관은 무엇인가. 마음챙김의 불쏘시개마저 불 속에 집어넣는다.

마음챙김 : 여러 용례

마음챙김을 연구하는 학자나 가르치는 사람들 사이에 마음챙김에 대한 설명이 서로 다른 경우가 있다. 마음챙김을 뜻하는 팔리어 sati가 영미권에서 여러 가지 번역어로 번역되다가 mindfulness로 정착되었다. 그러다 보니 sati의 고유한 의미 외에도 mindfulness 라는 말이 원래 영어권에서 사용되는 의미까지도 포함되어 마음챙김에 대해 서로 다르게 보는 시각이 공존하고 있는 것으로 보인다.

mindful 이라는 말은 mindless와 대비되는 말로 지금-여기에 정신 차리고 있다는 의미이므로 대중들이 mindfulness를 받아들일 때 자신들이 아는 긍정적 개념으로 받아들여 mindfulness가 서구사회에 널리 퍼지는 데 기여하기도 했다. 반면에 하버드대학의 Ellen Langer의 mindfulness 개념처럼 관련은 있지만 그 배경이 다르고 뜻도 다른 용어도 수행의 mindfulness와 같은 mindfulness로 통용되기도 한다.

또한 마음챙김을 널리 알린 카밧진(Kabat-Zinn)의 마음챙김 정의에 순수한 주의(bare attention)와 순수한 상위주의(bare meta-attention)가 구분되지 않은 것도 마음챙김에 대해 서로 다른 설명들이 함께 섞여있게 된 주요한 이유가 된다. 카밧진은 mindfulness를 "paying attention in a particular way: on purpose, in the present moment, and non-judgmentally"(Kabat-Zinn, 1990)로 정의했다. 카밧진의 정의로 보면 마음챙김은 바깥 대상에 대한 것이든 내 마음에 대한 것이든 비판단적으로 주의를 보낸다는 것이다. 따라서 카밧진의 마음챙김 정의에는 외부대상을 비판단적으로 있는 그대로 보는 순수한 주의와 내 마음에 대해 비판단적으로 있는 그대로 보는 순수한 상위주의가 분명하게 구분되어 표현되지 않았다.

앞으로 명상, 마음챙김, 그리고 명상과 마음챙김을 함께 하는 마음챙김명상을 구분하는 것이 마음챙김과 명상의 교육과 연구에 필요하다. 명상이 주는 마음의 휴식 효과 그리고 마음챙김의 떨어져 보기 효과는 서로 관련될 수 있지만 구분된다. 일반적으로 심리치료적인 장면에서 적용되는 마음챙김 프로그램에는 마음의 휴식을 주는 명상적 요소와 불안, 우울, 분노 등의 증상을 떨어져 보는 마음챙김의 요소가 함께 포함되는데 각각의 효과와 시너지 효과를 나눠서 확인할 수 있으면 좀 더 유익하고 다양한 마음챙김 관련 프로그램의 개발과 교육에 도움이 될 것이다.

마음챙김명상

명상을 하면 마음이 고요해진다. 중간중간 생각이 일어나기도 하지만, 10분 명상을 한다고 하면 몇 분 정도는 고요한 상태에 있다. 명상을 하며 마음챙김을 하게 되면 고요한 상태에 있을 때 내가 고요한 상태에 있음을 자각하게 된다. 마음챙김 없이 고요한 명상상태에 있으면 그 자체로 좋고 끝난 다음에 좋았다는 느낌을 갖게 될 것이다. 마치 1시간 정도 독서삼매에 빠졌다가 책을 덮을 때 문득 '아, 1시간이나 지나갔네.'라고 느끼는 것처럼. 그러나 고요한 상태에 있을 때 그것에 대한 분명한 자각은 없다.

마음이 고요한 상태에 있을 때 마음챙김이 함께 하면 그 상태에서도 내가 있음을 알 수 있다. 고요한 가운데 호흡 명상을 하고 있다면 몸이 앉아 있음을 알고 있고, 호흡 감각을 느끼고 있고, 마음이 고요함을 안다. 그때 누구라고 하기는 어렵지만 내가 깨어 있고 존재하고 있음을 느낄 수 있다. 그런데 이런 '나'는 어떤 개념도 붙지 않기 때문에 뭐라고 규정할 수 없어서 '나'라고 생각 못하는 경우가 많다. 그러나 또렷이 깨어 있고 존재하는 느낌이 분명하다. 그래서 그때의 나를 저울의 영점과도 같다고 해서 '영점-나(Zero-I)'라고도 하고 뭐라고 규정할 수 없다는 점에서 '노바디-나(Nobody-I)'라고도 하며 누구나 갖추고 있기 때문에 '에브리바디-나(Everybody-I)'라고도 한다(김정호, 2018a, 2018b, 2020).

행위 명상을 할 때도 '영점-나'를 느낄 수 있다. 이를 닦으며 마음이 고요할 때 나는 누구인가? 설거지하며 마음이 편안할 때 나는 누구인가? 걸으며 마음이 고요할 때 나는 누구인가? 말없이 고요하게 경험하는 '나'가 있지 않은가. 이 닦는 '영점-나', 설거지 하는 '영점-나', 걷는 '영점-나'다.

우리 마음에는 여러 '나'들이 산다. 마음챙김명상을 하면 '영점-나'에 대한 동일시가 커지면서 여러 '나'들의 '기본-나(Default-I)'로서 '영점-나'를 양성하게 된다. '영점-나'일 때 누구와도 비교할 수 없는 자족하는 '나'로 존재한다. 때로 내가 못난 '나'로 느껴져도 바탕은 기본적으로 '영점-나'임을 상기한다. 자존감이 낮다고 위축될 필요도 없고 잘났다고 자만할 필요도 없다. 나의 '기본-나'는 '영점-나'다. 나이도, 인종도, 학력도, 재력도, 명예도, 어떤 것도 붙지 않는 순수하고 고요한 '나'다. 이것이 나의 '기본-나'다. '영점-나'의 바탕에서 다양한 건강한 '나'를 운용하면 좋을 것이다.

마음챙김명상을 하면 명상만 할 때와는 달리 나에 대한 객관화 능력도 커진다. 무엇보다 몸에 대한 객관화가 조금씩 증가한다. 앉아서 호흡 명상 하며 몸이 앉아 있고 숨을 쉬고 있음을 볼 수 있다. 걷기 명상 하며 몸이 걷고 있음을 안다. 이를 닦으며 몸이 이를 닦고 있음을 자각한다. 몸이 그렇게 하고 있음이 신비하기도 하다. 또한 몸을 통해 행위에 따른 감각을 느낀다는 것 자체를 자각한다. 감각에 집중할 때 감각이 신비하게 느껴지기도 하지만 감각을 느끼는 것에 대한 자각은 그것이 어떤 감각이든 감각을 느낀다는 것 자체가 신비하게 느껴지기도 한다.

호흡 마음챙김명상 :
기본-나, 영점-나, 노바디-나, 에브리바디-나

의자에 앉아 호흡 마음챙김명상.
몸이 여기 앉아 있음, 숨을 쉬고 있음을 바라보며 알아차림.
생각이 일어나면 알아차리고 내려놓고 호흡으로 돌아온다.
몸은 여기 앉아 숨을 쉬고 있고
마음은 편안하다.
나는 이것을 알고 있고 편안하게 깨어 존재하고 있다.

마음챙김명상은 기본-나, 영점-나, 노바디-나, 에브리바디-나가 되
 는 것이다.
심리학적 용어로 표현하면 영점-나, 기본-나, 노바디-나와 동일시하
 는 것이다.
다양한 '나'들의 모습으로 나타나기 이전의 마음의 기본상태(기본-
 나)다.

아무런 물건도 올리지 않은 저울의 0점과도 같은 상태(영점-나)다.

남자나 여자의 성별, 외모, 역할, 직업, 학벌, 재산 등 아무것도 붙지 않은 상태(노바디-나)다.

이런 상태는 누구나 가지고 있는 기본상태(에브리바디-나)다.

이런 기본상태일 때 우리는 평화로운 행복을 느낀다.

자족감을 느끼는 상태다.

어떠어떠한 조건이 충족되어야만 만족하고 행복해지는 것이 아니라 존재 자체에서 오는 본연의 만족감이다.

마음챙김명상은 이러한 기본상태의 나, '영점-나'로 돌아가는 연습이다.

꾸준한 반복 수행을 통해 '영점-나'와의 동일시를 높여간다.

명상과 마음챙김의 순서

마음챙김명상을 할 때 명상을 통해 마음의 고요함을 어느 정도 경험하게 된 다음에 마음챙김을 함께 하는 것이 좋다. 마치 피아노를 양손으로 연주할 때 먼저 왼손 연주와 오른 손 연주를 따로 익힌 다음에 합치듯이 한다. 자칫하면 죽도 밥도 안 될 수 있다.

어떤 사람들은 설거지를 하면서도 자신의 욕구, 생각, 감정 등을 보겠다고 한다. 그러다 보면 설거지에 제대로 집중하지 못하고 감각도 제대로 느끼지 못하며 정신만 사나워진다. 이도 나지 않았는데 갈비를 뜯을 수는 없지 않은가. 이가 좀 나더라도 이유식을 거쳐서 밥으로 가는 것이 좋다. 설거지 할 때는 설거지에 집중하며 설거지의 감각을 느끼고 그에 따라 욕구와 생각이 줄고 마음의 평화를 경험한다. 이것이 어느 정도 익숙해지면 그때의 자신을 바라보는 마음챙김명상을 함께 한다.

물론 명상에 초점을 두지만 이런 저런 생각이나 욕구가 올라오는 경우에는 가급적 곧바로 알아차리고 호흡이면 호흡으로, 설거지면 설거지로 돌아온다. 이 과정에서 욕구와 생각을 알아차리는 힘이 커진다. 마음챙김명상을 통해 몸에 대한 객관화가 양성되듯이 마음에서 일어나는 생각이나 욕구를 알아차리고 객관적으로 바라보는 힘도 양성된다.

'나는 누구? 여긴 어디?' 그리고 마음챙김

'나는 누구? 여긴 어디?' 언제부터인가 인구에 회자하는 유행어다. 사람들이 이미 모여 있는 상황에 뒤늦게 도착한 사람이 분위기 파악 못하고 어리벙벙할 때 그 사람의 심경을 표현하는 우스갯말로 종종 사용된다. 때로는 자신에게 요구된 일을 제대로 파악하지 못하고 갑자기 머릿속이 하얗게 된, 시쳇말로 '멘붕'이 온 사람의 마음 상태를 나타내는 말로도 쓰인다. 인터넷이나 방송 등에서는 재미를 더하기 위해 그런 상태의 사람 옆에 이 말이 자막으로 종종 등장한다. 이밖에도 하는 일이 너무 힘들고 일에서 의미를 발견할 수 없어서 '나는 도대체 누구고 왜 이곳에서 이러고 있는가?' 라는 회의와 막막함을 경험하게 될 때 그 심경을 요약적으로 드러내는 말로 쓰이기도 한다.

'나는 누구? 여긴 어디?' 마음이 이런 상태에 놓였을 때 우리는 자신이 놓인 상황과 자기 자신에게 낯설어진다. 갑자기 편안하고 익숙하던 환경에서 동떨어져 버린 것 같고 평소에 당연하고 친숙했던 나를 잃어버린 것 같은 느낌이 든다. 마음사회이론으로 보면 일상에서 마음무대에 늘 올라오던 친숙한 '나'가 어디론가 사라지고 갑자기 당황하는 '나'가 무대 위에서 어쩔 줄 모르고 있는 것이다.

'나는 누구? 여긴 어디?' 마음이 이런 상태가 될 때 이때가 '영점-나'를 접속하는 좋은 때이기도 하다. 명상을 할 때 우리는 욕구와 생각을 내려놓고 마음무대를 비운다. 일상에서 이런 후회와 원망을 하는 나, 저런 걱정과 염려를 하는 나를 쉬게 하고 마음무대를 비우는 것이다. 이런 나, 저런 나, 모든 나를 쉬게 하는 것이다. 명상을 하면서 '순수한 상위주의(bare meta-attention)'인 마음챙김을 함께 하면, 즉 마음챙김명상을 하면 '영점-나'를 자각할 수 있게 된다. 어떤 무게도 올려놓지 않은, 저울의 영점 같은 상태의 '영점-나'다. 어떠한 욕구와 생각도 붙지 않으므로 뭐라고 규정할 수 없는 '노바디-나'다. 사람마다 자주 사용하는 욕구와 생각이 달라 그것으로 서로 다른 개성의 존재라고 구분하며 우쭐하기도 하고 자존감 낮다고 우울해하지만, 욕구와 생각이 쉬고 있을 때 어떠한 개념(나이, 성, 외모, 인종, 직업, 역할 등)으로도 구분할 수 없는 '노바디-나'가 된다. 빈 상태의 마음무대는 지구상의 모든 사람의 마음에 존재하므로 '에브리바디-나'이기도 하다.

'나는 누구? 여긴 어디?' 종종 마음챙김명상으로 '영점-나'와 접속, 즉 동일시하는 기회를 늘려나간다. 어떠한 개념도 붙지 않은, 그러나 분명히 깨어 있고 고요히 존재하는 나, '영점-나'와 점차 친숙해진다. 이를 닦으며 설거지를 하며 길을 걸으며 요가를 하며 '영점-나'를 자각한다. 일을 하다가 잠시 쉬며 가만히 호흡을 느낄 때 문득 '나는 누구? 여긴 어디?' 하며 고요한 마음의 세계, '영점-나'를 회복한다.

마음챙김을 수행하며 익숙했던 내 마음의 여러 '개념-나'들과 조금은 낯설어지고 낯설었던 '영점-나'와 조금씩 친숙해진다.

오뚝이와 '영점 - 나'

밀어도
눕혀도
던져도

늘
오뚝
오뚝
오뚝

바로 서는
오뚝이

언제나
뱃속 깊은
든든함으로

바로잡는
오뚝이

행위하며 마음챙김명상
자각되는 영점 - 나
호흡하며 마음챙김명상

자각되는 영점-나
꾸준한 마음챙김명상으로
마음사회의 중심에 든든하게 자리 잡는 '영점-나'

짜증이 나다가도
불안하다가도
우울하다가도
화가 나다가도
외롭다가도
바로
바로
곧바로 '영점-나'

오뚝
오뚝
오뚝이처럼
중심 잡는 '영점-나'

심상법은 긍정심리의 마음수행법에 속하는데 원하는 마음상태를 만드는 데 쓸모 있
는 역할을 한다. 이 글처럼 오뚝이의 심상을 떠올리면, 특히 부정 감정에 매몰될 때,
마음사회의 '기본-나'인 '영점-나'를 회복하는데 도움이 된다. 눈길 가는 곳에 오뚝
이 그림 한 장 붙여놓는 것도 좋다.

에고(ego)와 달걀(egg) 쥐기

내 마음은 사회다.

여러 '나'들이 사는 사회다.

이렇게 '마음사회이론'을 받아들이면 '마음챙김'에 도움이 된다.

인정할 수 없어 보이지 않던 '나'들도 잘 볼 수 있게 된다.

물론 '마음챙김'을 하면 '마음사회이론'을 더 잘 받아들이게 된다.

내 안에서 여러 다른 모습의 '나'들을 확인하게 된다.

마음챙김은 나에 대한 객관화다.

내 마음 안에 살고 있는 '나'들이 더 잘 보이고 떨어져 보이게 된다.

그렇다고 이들과 완전 남남이 되는 것은 아니다.

그래서도 안 된다.

다만 '나'들에 대한 집착에서 살짝 놓여나며

서로 친구가 된다.

마치 달걀을 쥐듯이 한다.

달걀을 꽉 쥐게 되면 깨져버린다.

그렇다고 너무 살짝 잡게 되면 떨어져서 깨뜨리게 된다.

너무 강하지도 않고

너무 약하지도 않게

적절하게 쥐어야 한다.

내 마음에 사는 '나'들을 종종 '에고(ego)'라고도 하는데

이들을 마치 달걀(egg)을 쥐듯이

가볍게 부드럽게 쥐고 다룬다.

이렇게

'머문 바 없이 내 마음 안의 '나'들을 쓴다(應無所住而生其心)'.

내 마음 안의 '나'들을 잘 알고 잘 운용한다.

내 마음 사회의 정치를 잘한다.

이렇게 마음챙김 수행이 긍정심리 수행과 연결된다.

마음사회이론과 마음챙김

마음사회이론을 잘 이해하면 마음챙김에 도움이 된다. 내 마음을 객관적으로 보는 것이 마음챙김이라고 말로는 쉽게 정의내릴 수 있지만 그 실천은 녹록지 않다. 특히 내 마음은 여러 '나'들이 사는 사회이고 특정한 '나'가 마음무대를 지배하는 경우가 많기 때문에 지배적인 '나'의 검열로 마음에서 실제로 일어나는 현상을 제대로 관찰하는 것이 쉽지 않다.

마음이 여러 '나'들이 사는 사회임을 잘 이해하고 여러 유형의 '나'들이 살 수 있음을 인정해주면 암암리에 작동하는 여러 '나'들도 볼 수 있게 된다. 조금씩 내면의 어두운 부분을 볼 수 있다. 마음챙김은 일종의 빛이라고도 할 수 있다. 마음챙김의 빛으로 억압받고 소외된 '나'들을 밝은 빛으로 받아들여주는 것이다.

마음사회이론을 잘 이해하면 나 자신에 대해 좀 더 개방적으로 되고 그 결과 나에 대한 이해를 높일 수 있고 마음사회가 좀 더 유연해진다.

에고(ego)와 마음공부(1) : 에고를 버려?

영적 스승들은 종종 에고의 미망에서 벗어나라고 말한다.

인간의 많은 고통이 어리석은 생각과 불건강한 욕구에서 비롯된다는
 점에서 귀담아 들어야 할 말이다.

그러나 우리는 에고를 떠나서 살 수도 없다.

누군가 에고의 부정적인 면을 언급하며 에고에 지배당하지 말라고 강
 연을 하고 있다면 그 말을 하는 그는 누구인가?

에고가 아닌가?

에고가 아니라면 누구 혹은 무엇인가?

결국 그 말을 하는 자도 바로 그의 에고다.

다만 지혜로운 에고다.

우리가 해야 할 일은 에고를 무시하는 것이 아니라 에고를 잘 키우는
 것이다.

마음사회이론에서 설명하듯이 우리 마음은 여러 '나'들, 즉 여러 에고
 들이 사는 사회다.

우리에게 필요한 것은 마음공부를 통해 지혜로운 '나'를 키우며 마음사
 회를 건강하게 운용하는 것이다.

에고(ego)와 마음공부(2) : '그것'

'에고'를 언급하면 '참나'를 얘기하게 된다.

그렇다면

'에고'는 '참나'를 떠난 적이 없음도 언급해야 한다.

수많은 '에고'는 모두 '참나'의 드러남이다.

'영점-나'조차도 '참나'의 드러남이다.

굳이 '참나'라는 이름으로 부르지 않아도 된다.

그것은 그저 '그것'으로밖에 표현할 길이 없으며

'그것'은 또한 모든 것으로 드러난다.

'그것'은 모든 것이며 모든 것은 한바탕이다.

물결이 없는 바다를 생각할 수 없고

어떠한 상도 비치지 않은 거울의 모습을 상상할 수 없다.

'에고'와 '참나'의 이분법에 떨어지는 것을 경계해야 한다.

'참나'라고 하면 '거짓나'가 세워진다.

용어의 사용에 신중해야 한다.

우리 마음에는 여러 '나'들이 산다.

우리에게 필요한 것은 마음공부를 통해 지혜로운 '나'를 키우며

내 안의 마음사회를 건강하게 운용하고

여러 다른 마음들과 이루는 우리사회 또한 함께 아름답게 만들어가는
　　것이다.

일상의 마음챙김 : 중계방송

가급적 일상의 모든 행위를 할 때 마음챙김한다.

'중계방송'의 기법이 도움이 된다.

일을 하다가 화장실에 가고 싶을 때

'화장실' 이라고 속으로 말한다.

'화장실' 이라고 속으로 말할 때 자신이 화장실에 가고자 하는 의도를

알아차린 것이다.

이것은 부지불식간에 행동하지 않고 깨어 있도록 해준다.

화장실까지 걸어갈 때는

'걸음'이라고 속으로 말한다.

'걸음' 이라고 속으로 말하며 걷고 있음을 분명히 자각한다.

안으로 걷는 감각을 분명히 떨어져서 알아차린다.

밖으로 자신이 걷고 있음을 분명히 본다.

화장실 문을 열 때는

열려고 하는 의도를 알아차린다.

문고리를 만질 때는 차가운 감각을 느끼는 줄을 분명히 알아차린다.

볼일을 볼 때도 마찬가지로 분명히 안다.

물건을 찾을 때 찾는 줄 안다.

물건이 제자리에 없어서 짜증이 올라오면

짜증이 올라옴을 분명히 알아차린다.

어떤 욕구, 생각, 감정이 나타나는지 명료하게 본다.

분명히 느끼되 제3자를 보듯이 본다.

평화롭게 커피 한 잔을 마실 때는

커피 잔의 따뜻함, 커피의 향, 커피의 맛 등의 감각을 느끼고 있음을 알
   아차리고

커피를 마시고 있음도 알아차린다.

편안하게 숨 쉬고 있음을 알아차리고

마음이 평화로움을 알아차린다.

이렇게 앉아 있고 깨어 있고 살아서 존재함을 알아차린다.

어떤 행위도 무의식적으로 하지 않는다.
분명히 깨어서 무엇을 하고 있는지 떨어져 본다.
어떤 경험도 알아차림 없이 지나가지 않도록 한다.
어떤 욕구, 생각, 감정이 일어나고 사라지는지 분명히 알아차린다.

몸과 마음의 어떤 현상도
빠짐없이 즉각적으로 중계방송 한다.
방송의 내용에 대해서는 가급적 초연한 태도로
관찰자 입장에 동일시한다.
내 몸과 마음에 대한 구경이다.
경험의 내용에는 가급적 상관하지 않고
경험하고 있음에 초점을 둔다.
내가 무엇을 하고 있는지 관찰에 초점을 둔다.

우두커니 마음챙김 : 지금 - 여기의 평화의 세계

지하철 승강장.
전동차는 방금 떠났다.

스크린도어 앞.
스마트폰을 꺼내려는 의도를 살짝 알아차린다.
그냥 서 있기로 한다.

다음 전동차는 시간 되면 온다.
그때까지 온전히 내 시간.
잠시 내면의 평화를 회복하기로 한다.

지금-여기에 온전히 접속한다.
발바닥을 느낀다.
저쪽에서 나는 사람들 소리도 들린다.
서 있을 뿐.
깨어 있을 뿐.
말없이
속말도 없이 깨어 있을 뿐.
단지 그뿐.
지금-여기의 한없는 평화의 세계와 접속된다.

우두커니 깨어서 잠시 쉴 때 평화의 세계로 짧은 여행을 다녀올 수 있다.

스트레스 마음챙김

일반적으로 불안, 우울, 화 등의 스트레스 상태에 있을 때 우리는 불안,
우울, 화 등의 마음 상태에서 세상을 본다. 이때 마음챙김을 하면 불안,
우울, 화 등의 마음 상태를 본다. 그것도 있는 그대로 본다.

　우리가 부정적인 정서 상태에 있을 때 그것을 쫓아내거나 쫓아가려고
한다. 마음챙김은 제3의 길이다. 쫓아가지도 않고 쫓아내지도 않는다.

다만 있는 그대로 바라본다. 불안하거나 우울할 때 그것으로부터 벗어나려고 애쓰면 애쓸수록 그 감정에 더 강하게 옥죄게 된다. 마음챙김으로 바라본다는 것은 받아들임을 의미한다. 마음챙김을 동전에 비유하면 한쪽 면은 있는 그대로 보는 것이고, 다른 한쪽 면은 받아들임이다. 있는 그대로 본다는 것은 받아들임을 내포한다. 또 받아들임을 하게 되면 있는 그대로 보게 된다.

예를 들어 분노의 느낌이 들 때 분노를 즉각적으로 표출하거나 혹은 억압하지 말고 있는 그대로 바라보며 분노와 함께 머문다. 그것이 어떤 느낌인지 온전히 느껴본다. 지금 마음에 분노만 있는지 혹은 그 곁에 수치심이나 두려움이 함께 있지는 않은지 잘 느껴본다. 그때 몸에서는 어떤 반응이 일어나고 있는지 잘 느껴본다. 대부분의 감정은 몸을 통해 드러난다. 딱딱한 어깨, 얼굴의 열감, 심장의 빠른 박동, 주먹에 들어가는 힘 등으로 나타난다. 가만히 느껴본다. 약간의 호기심을 갖고 바라보는 것도 좋다. 도대체 분노 혹은 그것과 함께 있는 감정이 어떤 것인지 알아보는 것이다. 몸 명상을 통해 몸과 친해져 놓으면 이럴 때 도움이 된다. 몸의 감각을 느끼는 연습을 많이 하게 되면 몸의 감각을 있는 그대로 보게 된다. 또 분노가 일어날 때 마음에서는 어떤 욕구나 생각이 일어나는지도 잘 관찰한다. 욕구나 생각이 일어나면 그것과 동일시하며 그 안으로 딸려 들어가지 않고 이러이러한 욕구와 생각이구나, 하고 욕구와 생각을 다만 욕구와 생각으로 알아차린다.

스트레스 감정 상태에서 가만히 있는 그대로 바라보는 마음챙김은 어떤 조치도 취하지 않는 것 같지만 스트레스 감정 상태로부터 벗어나는 데 도움을 준다. 마치 하얀 북극곰을 생각하지 말라고 하면 더 생각하게 되는 정신역설효과처럼 부정적인 마음상태에서 벗어나려는 마음이 부정적인 마음상태를 더 강하게 하는 경향이 있다. 그러나 마음챙김으로 바라보게 되면, 특히 부정적 감정이 나타나는 몸의 감각에 주의를 기울이다보면, 정보처리용량제한성 때문에 스트레스 감정을 만들어내는 생각으로 가는 주의가 감소하게 된다. 불안에서 벗어나려는 생각이 더 불안한 생각을 가져온다. 이때 기분일치성효과로 인해 불안은 더 증폭된다. 그런데 다만 있는 그대로 바라보면 부정적 정서의 악순환 고리를 끊어주게 된다. 감정이 불이라면 생각은 연료다. 몸의 감각에 주의를 보낼 때 자연스럽게 생각으로 가는 주의가 줄어들고 생각이 약화된다. 감정의 불은 생각의 연료가 없으면 소멸하게 된다.

스트레스 마음챙김을 할 때 중계방송하듯 명칭을 부여하는 것도 도움이 된다. 불안할 때 당황하거나 피하려고 하기 전에 먼저 속으로 혹은 밖으로 소리 내서 '불안'이라고 말한다. 이렇게 짧은 단어로 자신의 마음상태를 기술하는 것은 마음상태를 객관적으로 바라보는 데 도움이 된다.

처음부터 강한 스트레스를 있는 그대로 바라보기는 쉽지 않겠지만 경험하는 스트레스를 조금씩 있는 그대로 바라보는 연습을 한다. 스트레스 경험을, 나를 객관적으로 보는 힘을 기르게 된다. 평소에 갖고 있던 스트레스 경험에 대한 태도에 변화가 온다. 스트레스 경험과 다른 관계를 맺게 된다. 스트레스 경험과 싸우거나 도망가지 않고 웰컴할 수 있을 때 오히려 그것으로부터 자유롭게 된다.

마음챙김과 모래병

앞에서 '모래병 명상'을 소개했었다. 그런데 가만히 보면 우리의 마음은 모래병(sand bottle)과 같다. 마음이 편안할 때 모래병의 모래들은 모두 차분하게 바닥에 가라앉아 있다. 그러다가 이런 저런 일로 마음이 불안, 우울, 분노 등으로 혼란스러워진다. 마치 모래병을 흔든 것 같이 모래들이 사방으로 흩어지며 모래병 안이 혼탁해지는 것처럼.

다른 집 아이들이 어떤 학원에 다니며 성적이 올랐다는 말을 들으면 불안해진다. 남편이 밤늦게 술 먹고 늦게 들어오면 미운 마음이 일어난다. 부서원이 보고서를 엉망으로 만들어오면 열이 받는다. 문득 삶을 돌아보니 뭐 하나 제대로 한 것 같지 않아 우울해진다.

모래병이 혼탁해졌을 때 우리가 해야 할 일은 무엇인가. 모래를 가라앉히겠다고 모래병을 더 흔든다면 더욱 혼탁해질 뿐이다. 다만 모래병을 내려놓고 가만히 바라보면 된다. 그러면 모래들이 가라앉고 모래병은 다시 투명해진다. 우리가 해야 할 일은 함(Doing, 有爲)이 아니라 하지 않음(Non-Doing, 無爲)이다.

마음도 마찬가지다. 마음이 부정정서로 혼란스러워졌을 때 부정정서에 휩쓸려 부화뇌동하거나 억압하려고 해서는 안 된다. 이런 행동은 마치 모래를 가라앉히겠다고 모래병을 더욱 흔드는 것과 같다. 그런데 우리는 부정정서로 마음이 혼란스러울 때 더욱 부정적인 생각에 빠지는 경향이 있다. 지금의 기분과 일치하는 기억들이 더 잘 떠오르는 '기분일치성효과(mood congruity effect)'가 작동하기 때문이다. 부정정서로 인해 부정적인 기억과 생각들이 더 잘 떠오르게 되고 그럴수록 마음의 부정정서는 더 강해진다. 또 그럴수록 부정적인 기억과 생각들은 더 잘 떠오르게 된다. 부정정서와 부정적 생각의 악순환에 빠지게 되는 것이다.

불안할 때는 불안한 기억과 생각이 더 잘 떠오르고 그럴수록 더 불안해진다. 우울할 때는 우울한 기억과 생각이 더 잘 떠오르고 그럴수록 더 우울해진다. 누군가에게 화가 날 때는 그 사람으로 인해 경험했던 화와 관련된 기억들이 더 잘 떠오르고 그럴수록 더 화가 난다. 생각할수록 불안해지고, 생각할수록 우울해지고, 생각할수록 더 화가 나는 것이다.

내 마음이 불안, 우울, 화 등으로 혼란스러워질 때 먼저 '마음챙김의 알아차림'을 할 수 있어야 한다. 내 마음에 불안, 우울, 화 등이 나타났음을 알아차리고 한 발 물러나 떨어져서 그 마음을 가만히 지켜보는 '마음챙김의 바라보기'를 할 수 있어야 한다. 마음챙김을 통해 우리가 배우는 것은 함(Doing, 有爲)이 아니라 하지 않음(Non-Doing, 無爲)이다.

감정은 불과 같다. 불은 연료가 없으면 꺼지게 되어 있다. 감정의 불은 바로 생각이다. 생각을 제공하지 않으면 감정은 소멸하게 되어 있다. 마음이 부정정서로 혼란스러워졌을 때 그것을 알아차리고 마치 혼탁해진 모래병을 들여다보듯이 가만히 마음을 들여다보는 마음챙김을 한다.

'모래병 명상'과 다른 점은 밖에 있는 모래병의 모래가 가라앉는 모습을 바라보는 것이 아니라 내 마음의 욕구, 생각, 감정, 감각 등이 가라앉는 모습을 바라보는 것이다.

정서지능(EQ)과 정서 마음챙김

"부정정서와 긍정정서를 포함해서 정서에 관한 단어를 많이 알고 잘 구사할 수 있는 것은 정서지능을 증진시키고 자신의 스트레스나 웰빙 상태를 잘 알아차리는 데 도움이 된다. 한마디 덧붙일 것은 정서단어에 대해 잘 알고 있는 것이 자신의 정서를 객관적으로 떨어져보는 마음챙김의 능력과 반드시 일치하지는 않는다는 것이다. 정서지식을 자신의 이기적 욕구를 위해서만 사용할 수도 있는 것이다." (김정호, 2020, p.255)

정서지능, 소위 EQ가 높다는 것이 반드시 자신의 정서에 대한 마음챙김을 잘하는 것의 충분조건은 아니다. 또 타인의 정서를 잘 배려하는 것의 충분조건도 아니다. 자신의 정서에 대해 귀신같이 표현은 잘해도 그것으로 상대를 꼼짝 못하게 공격하거나 상대의 마음을 교묘하게 조정하는 데 사용할 수도 있다. 또 상대의 정서를 잘 아는 것을 이용해서 상대를 착취할 수도 있다.

마음챙김은 나를 객관화하는 능력이다. 자신의 정서를 미시적으로 매우 세밀하게 알지는 못해도 자신이 느끼는 정서에 열려 있고 지금 느끼는 정서를 온전히 느끼면서 반걸음 떨어져서 담담하게 바라볼 수 있다면 정서 마음챙김과 함께 자기객관화를 잘하고 있는 것이다. 마음챙김은 그저 배우려고만 한다고 해서 배워지는 것이 아니라 세속적인 성공보다도 자기성장의 성장동기를 더 중시하게 될 때 제대로 익힐 수 있고 또한 따뜻한 '자비의 나'도 양성할 수 있다.

명상을 하다가 가렵다면

명상을 하다가 몸 어느 곳이 가렵다면
행운이다!
마음챙김의 좋은 기회가 주어진 것이다.
가려움이라는 감각,

가려움으로 인한 감정상태,

가려움에 따른 긁고자 하는 욕구,

가려움과 관련된 생각 등을 관찰할 수 있는 기회가 온 것이다.

먼저 가려운 곳을 긁으려고 하는 욕구(충동)를 알아차린다.

훌륭한 동기(의도, 충동) 알아차림의 공부다!

그리고 긁고자 하는 욕구를 멈춘다.

단순한 알아차림으로 끝나지 않고 바라보기(지켜보기)의 힘을 기르는

　좋은 기회다.

이어서 가려움으로 인한 감정, 욕구, 생각 등을 잘 알아차리면서

가려움의 감각에 주의를 모아본다.

중요한 것은 마음챙김의 떨어져봄을 유지하는 것이다.

약간의 호기심은 마음챙김을 도와주는 훌륭한 도우미다.

알아차림의 넓은 공간에서

가만히 가려움을 바라본다.

가려움을 구경하듯 바라본다.

가려움을 있는 그대로 느끼며

가려움을 느끼고 있음도 알아차린다.

모든 현상이 그러하듯

가려움의 감각도 변화한다.

어떤 현상도 변화하지 않을 수 없다.

매 순간 변화하는 감각을 잘 관찰한다.
여러 형태로 변화하다가 결국 사라진다.

알아차림을 훈련할 수 있고
바라보기를 훈련할 수 있다.
또한 모든 것은 변화한다는 것도 체험적으로 배운다.
감정이 크게 요동칠 때도 이 또한 지나갈 것임을 안다.

감각도
감정도
생각도
욕구도
마음의 모든 현상은 변화한다.

관점을 전환하면 수행에 방해가 되는 것이 수행의 도우미가 되기도 한다. 명상을 하다가 몸 어느 곳이 가려울 때 '행운이다!'라고 생각할 수도 있다. 왜? 마음챙김의 좋은 기회가 주어졌기 때문이다.

몸 어디가 가려운데 긁지 않아서 죽었다는 얘기는 들어본 적이 없다. 가려운데 안 긁는 것에 대해 걱정할 필요는 없다는 것이다. 오히려 가려움을 가만히 관찰함으로써 '하지 않음', 즉 무위(無爲, Non-Doing)를 훈련할 수 있다. 마음챙김은 단지 있는 그대로 보고 아는 것이 아니다. 있는 그대로 보기 위해서는, 특히 그 대상이 불편함인 경우에는 불편함에 대해 저항하지 않고 수용하는 힘이 필요하다. 있는 그대로 볼 때 수용하는 힘이 증가하며 수용의 힘이 있을 때 있는 그대로 볼 수 있다.

소위 스트레스를 잘 받는 사람들의 특징 중 하나는 인내력이 낮다는 것이고 이것을 심리학자들은 '고통 감내력 척도'로 측정하기도 한다. 가려울 때 긁지 않으며 가만히 관찰하면 고통 감내력이 증진된다. 가려움뿐만 아니라 일상생활에서 경험하는 이런 저런 불편함(그것이 신체적이든 정서적이든)에 대해서도 즉각적으로 습관적인 반응을 나타내기 보다는 있는 그대로 관찰하다 보면 고통감내력이 증진된다. 이 과정에서 마음챙김의 힘이 양성되는 것이다. 스트레스에 대한 강인성이 증진되는 것은 보너스다.

'아, 찬스!'

마음챙김을 지도할 때 '아, 찬스!'를 가르치기도 한다. 이것은 일상생활에서 우연히 통증을 경험하게 될 때 속으로 '아, 찬스!'를 외치며 그 통증을 떨어져서 잘 관찰하는 마음챙김의 기회로 삼으라는 것이다. 실수로 종이를 다루다가 종이에 손을 베거나, 다니다가 책상 모서리에 무릎을 찧게 되었을 때 곧바로 '아, 찬스!'라고 속으로 외치고 통증을 온전히 경험하며 떨어져서 볼 수 있도록 한다. 이렇게 하면 여러 가지로 유익함이 있다. 우선 마음챙김 훈련의 좋은 기회를 얻게 된다. 또한 통증을 순수하게 감각으로 경험하는 좋은 체험을 할 수 있다. 아울러 통증에 이런저런 습관적인 욕구나 생각을 붙임으로써 오는 2차 고통을 면하게 되는 이득도 얻게 된다.

한번은 샤워 중에 떨어진 비누를 줍기 위해 몸을 숙였다가 고개를 드는 순간 쇠로 된 샤워기 기둥에 붙은 수도꼭지 모서리를 머리털도 없는 민머리로 받아버린 적이 있다. 순간 '아, 찬스!'를 외치며 꼼짝도 하지 않고 가만히 머리에서의 통증을 관찰한 적이 있다. (보통 통증의 고통으로 '아!' 하는 외마디가 나오는데 이것을 '아, 찬스!'로 연결하면 좋다.) 혈액이 몰려오는 뜨거운 느낌, 욱신거리는 통증의 감각 등이 시간과 함께 서서히 줄어드는 것을 온전히 느낄 수 있었다. 나중에 보니 피부가 찢어지지는 않았지만 피부 밑으로 혈관이 터져 울긋불긋했다. 그래도 이렇게 있는 그대로 관찰하는 마음챙김을 하면 통증이 크지 않고 견딜 만하며 짧게 끝난다는 것이 신기하다.

'아, 찬스!'는 신체적 고통을 경험할 때만이 아니라 일상에서 심리적 스트레스를 경험하게 되는 경우에도 사용하면 좋다. 습관적인 반응을 보이기 전에 곧바로 멈추고 다만 그때 마음에서 일어나고 변화하는 욕구, 생각, 감정, 감각 등을 온전히 관찰하는 마음챙김의 기회로 삼으면 좋은 마음공부를 할 수 있다.

SNS 마음챙김

당신은 카톡, 페이스북, 인스타그램, 트위터, 메일, 블로그 등 SNS를 사용하는가? 그리고 너무 자주 들여다보는 것 같다고 생각하는가? 그렇다면 당신은 마음챙김의 기술을 연마할 수 있는 좋은 조건 하나를 갖추고 있다. 만약 SNS 사용을 좀 줄여보겠다는 마음이 있다면 아래와 같이 SNS 마음챙김 훈련을 할 수 있다.

먼저 SNS 마음챙김을 위한 준비작업을 한다. 첫째, 업무상 어쩔 수 없다면 모르지만 그렇지 않다면 가급적 SNS의 알람 기능은 꺼둔다. 필요할 때만 접속하기로 정한다. 둘째, SNS를 사용할 시간대 혹은 SNS를 하루에 이용하는 횟수를 정한다. 예를 들면, 오전 중에는 SNS를 이용하지 않기로 한다. 적어도 아침에 일어나자마자 SNS를 확인하는 행동은 피하기로 한다. 그 시간에는 마음을 고요히 하고 하루를 위한 마음의 준비자세를 갖추는 것이 좋다. 혹은 아침, 점심, 저녁 세 번의 식사시간대에만 한 번씩 SNS에 접속하는 것으로 SNS의 이용횟수를 정할 수도 있다.

　이제 본격적으로 SNS 마음챙김 훈련을 해보자. 첫째, 마음챙김의 알아차림 훈련이다. SNS 푸쉬 알람이 왔든, 혹은 지하철을 기다리며 습관적으로 또는 그냥 문득 SNS를 확인하고 싶은 마음이 든다면 먼저 그 마음을 알아차린다. 영화 '아바타'에서 'I see you.'라고 인사하듯이, 'I see you.' 했음을 '-구나'로 그 마음에게 인사를 날린다. 'SNS를 확인하고 싶어 하는구나.' ('-구나' 마음챙김은 여러 장면에서 유용하다!)

　둘째, 마음챙김의 바라보기 훈련이다. SNS에 접속하고자 하는 마음을 바라본다. 마치 어항을 들여다보듯이 마음을 들여다본다. SNS를 하고자 하는 욕구가 일어났을 때 어떤 마음상태인지 온전히 느껴본다. SNS를 하고자 하는 욕구 혹은 충동을 따라가는 것도 아니고 꾹 참으며 억압하는 것도 아니다. 마음챙김은 제3의 길이다. 단지 바라본다. 있는 그대로 바라본다. 욕구, 생각, 감정을 조금 거리를 두고 바라본다. 특히 몸에서 어떤 반응이 일어나는지 몸에서의 감각을 잘 관찰한다. SNS를 하고자 하는 욕구가 몸 어느 부위에서 잘 느껴지고 어떤 형태로 느껴지는지 몸에서의 감각을 자세히 관찰한다. 이렇게 관찰하다 보면 몸에서의 감각이 변화하는 것도 알 수 있고 몸이 호흡하는 것도 느껴진다.

　위와 같이 마음챙김을 하면 SNS를 하고자 하는 마음이 사라지는 것을 알 수 있다. 몸의 호흡을 느끼면서 마음도 차분해진다. 모든 것은 변화한다. 마음의 상태도 마찬가지다. 머리로만이 아니라 온몸과 마음으로 배우는 것이다.

　SNS를 사용해도 좋은 시간대라면 마음챙김의 알아차림을 한 후에 천천히 SNS를 확인한다. 가능하면 한편으로는 SNS를 하면서 다른 한편으로는 SNS를 하는 자신의 행동을 잘 관찰하는 마음챙김도 함께 한다. 특히 SNS를 하며 어떤 정서를 주로 느끼는지 잘 마음챙김 한다.

작은 행동 습관이더라도 마음챙김을 통해 변화시킬 수 있게 되면 자신의 마음을 알고 다룸에 있어서 자기효능감이 증가한다. 자기 삶의 통제감이 증가하고 자존감도 따라서 올라간다. SNS 사용시간도 줄이고, 마음챙김의 기술도 연마하고, 여러 가지 긍정적 마음도 증진시킬 수 있다니 SNS 마음챙김 해 볼만 하지 않은가. 당신의 마음챙김을 응원한다.

번뇌즉보리(煩惱卽菩提)라는 말이 있다. 번뇌와 깨달음이 둘이 아니라는 불이(不二)의 의미이기도 하지만, 생활 속에서 번뇌를 통해 깨달음을 얻을 수 있다는 뜻으로 읽을 수도 있다. 앞에서 가려움에 대한 마음챙김에서도 봤듯이, 관점을 전환하면 수행에 방해가 되는 것이 오히려 수행의 도우미가 되는 것을 알 수 있다. 자신의 생활에서 불편을 주는 것들이 수행하는 데 좋은 소재가 된다.

긍정심리

긍정심리란 무엇인가 : 욕실의 곰팡이

욕실에 핀 곰팡이
세제도 쓰고
솔로 닦고
물로 씻어낸다.

그래도
시간이 지나면
곰팡이
다시 핀다.

세제를
좀 더 강력한 것으로
솔도
좀 더 강한 솔로
닦는 것도
더 정성껏 빡빡 닦는다.

그래도
시간이 지나면
곰팡이
다시 핀다.

고개를 들어
남쪽 벽을 본다.
벽을 뚫고
창문을 낸다.

곰팡이 피던 그 자리에
햇볕도 들어오고
바람도 통한다.

시간이 지나도
곰팡이
다시 피지 않는다.

문제에 초점을 두고 그것을 없애려고 애를 써도 쉽게 해결되지 않는 경우가 많다. 어떤 경우에는 문제와 씨름하면 할수록 문제가 더 커지는 경우도 있다. 고통스러운 기억, 마음에 들지 않는 자신의 모습 등을 없애려고 하면 그것에 계속 주의를 보내는 것이고 그것들은 그 주의를 먹고 점점 더 커진다.

문제를 문제로 보는 것이 더 문제일 수 있다. 문제 자체보다 문제에 대한 태도가 더 중요하다. 풀 수 있는 문제는 풀고 그렇지 않은 것은 함께 갈 수도 있다. 밀어내려고 할 때 더 큰 문제가 되는 경우가 많다. 문제에 꽂혀 건강한 동기와 잠재력은 소외된 상태에 있게 된다.

문제에 초점을 두기보다는 지니고 있는 건강한 동기와 잠재력에 관심을 갖고 그것을 북돋고 실현시키고 개화시키는 데 힘쓰는 것이 문제해결에 도움이 된다. 긍정심리는 바로 이런 접근을 한다. 예로부터 동양에서는 진기(眞氣)가 있는 곳에 사기(邪氣)는 살 수 없다고 했다. 긍정심리는 사기(邪氣)와 싸우기보다 내면의 건강한 동기와 잠재력을 충족하고 꽃피우며 진기(眞氣)를 증진하는 마음의 기술이다.

기존의 심리학적 접근이 문제 상태인 마이너스(−)에서 문제가 사라진 제로(0)를 목표로 한다면, 긍정심리의 접근은 문제 상태의 마이너스(−)에서 잠재력이 개화된 플러스(+)를 목표로 한다. 더 나아가 문제가 없는 보통의 제로(0) 역시 플러스(+)로 나아가는 것을 목표로 한다. 치료를 요하지 않는 보통사람들 역시 긍정심리의 마음기술을 통해 더 건강한 마음상태로 나아가는 것이다.

명상 수행이 욕구와 생각을 쉬는 기술을 연마하는 수행이라면 긍정심리 수행은 욕구와 생각을 쓰는 기술을 양성하는 수행이다. 명상 역시 내면의 건강한 상태를 만들어내므로 크게 보면 명상의 마음기술도 긍정심리의 마음기술에 속한다고 볼 수 있다. 욕구와 생각을 쉬는 것도 욕구와 생각의 사용이라는 스펙트럼의 한끝으로 볼 수 있는 것이다. 다만 명상은 다양한 방식으로 욕구와 생각을 쓰는 전형적인 긍정심리의 마음기술과는 달리 욕구와 생각을 쉬는 방법이다.

긍정심리 수행은 크게 묵상(默想)법과 심상(心象)법, 그리고 몸으로 실천하는 행법(行法)으로 나눌 수 있다. 묵상법은 묵묵히 생각한다는 것이다. 묵상법에서는 욕구와 생각을 사용한다. 여기서 욕구와 생각은 긍정적인 것이다. 종교의 경전, 시, 에세이, 노래가사 등 자기가 좋아하는 문장이나 단어를 가만히 생각한다. 이런 문장이나 단어는 웰빙을 가져오는 좋은 생각, 즉 웰빙인지를 활성화해준다. 좋은 생각을 묵묵(默默)히 깊게 숙고하다 보면 자연스럽게 건강한 바른 동기와 연결된다.

감사에 대한 묵상은 자신의 동기충족 상태를 다시 활성화해주어 웰빙을 증폭시키고 지속시켜준다. 심상법은 심상을 최대한 활용하는 방법이다. 좋아하는 자연의 모습이나 원하는 상태를 가급적 생생하게 심상을 떠올려 경험한다. 이완을 위한 심상법에서처럼 아름다운 자연을 떠올리며 편안하고 기쁜 마음상태를 만들 수 있다. 최상의 자기(best possible self) 기법에서처럼 자신이 바라는 바가 충족된 미래를 떠올리며 동기충족 예상의 만족스러운 마음상태를 만들 수 있다. 자비 수행에서처럼 자기 자신과 타인이 어려움에서 벗어나고 건강하고 행복한 상태를 강하게 그리며 따뜻한 마음상태를 만들 수 있다.

물론 묵상법과 심상법이 서로 배치되는 것은 아니다. 묵상을 할 때 심상을 활용할 수도 있다. 자신이 존경하는 분의 모습을 떠올리며 말없이 깊이 그분의 덕성을 음미하는 것은 자신의 마음에 그러한 덕성 및 그 덕성과 관련된 건강한 동기를 양성하는 좋은 묵상법이다.

아울러 감사를 표현하고 자비를 실천하는 행동은 훌륭한 긍정심리 수행이다. 자기에 대한 감사, 타인에 대한 감사를 깊게 묵상하면 자기와 타인을 위한 따뜻하고 배려 깊은 친절한 행동을 실천하게 된다. 특히 이러한 긍정심리의 행동수행은 따뜻하고 돈독한 긍정적인 관계를 형성하고 유지하는 데 도움을 줌으로써 개인뿐만 아니라 사회 전체의 웰빙에 기여한다.

정보처리용량제한성에서 설명했듯이 우리의 정보처리용량이 제한되어 있기 때문에 공정한 정보처리를 못하는 단점도 있지만, 그로 인해 의식공간이 작기 때문에 그것을 다루기 쉽다는 장점도 있다. 부정적인 욕구와 생각을 안 하려고 하면 더 강해지지만,

건강한 욕구와 생각을 자꾸 쓰면 부정적인 욕구와 생각을 없애려고 하지 않아도 자연스럽게 의식공간, 즉 마음무대에서 내려가게 된다. 건강한 욕구와 생각으로부터 자연스럽게 건강한 행동을 실천하는 것도 부정적인 욕구와 생각을 제거하고 불건강한 행동습관을 소거시켜준다.

기어를 걸고 엑셀을 밟아라

기어가 물려있지 않다면 엑셀을 밟는다고 차가 앞으로 나가지는 않는다. 붕붕 소리만 요란할 뿐이다. 앞으로 나아가고자 한다면 기어를 걸어야 한다. 마찬가지로 수행에 있어서 마음을 고요하게 하는 명상과 마음을 바라보는 마음챙김의 수행은 수행의 기본이 되지만 그것만으로는 부족하다.

일상생활에서 중요한 건강한 동기들을 확립하고 매일매일 그것을 추구하는 삶을 사는 것이 중요하다. 명상을 통해 욕구와 생각을 쉬는 것도 욕구와 생각을 잘 쓰기 위해서다. 마음챙김 한다고 그저 맥없이 마음을 관찰하는 것이 아니라 소중한 동기를 세우고 실현하기 위해 인지를 활용하고 행동으로 옮기는 과정에서 마음을 볼 수 있어야 한다. 그럴 때 마음을 잘 쓰는 긍정심리의 수행이 바르게 진행되고 우리의 삶이 빛을 발할 수 있다.

'나는 누구? 여긴 어디?' 그리고 긍정심리

'나는 누구? 여긴 어디?' 막막해진 심경을 나타내기 위해 종종 사용되는 유행어다. 그러나 한편 '나는 누구? 여긴 어디?'는 기본적으로 마음수행과 관련이 높은 글귀다. '나는 누구? 여긴 어디?'는 나 자신과 내가 사는 세상에 대한 근원적인 물음이다.

'나는 누구? 여긴 어디?'의 출처로 폴 고갱(Paul Gauguin, 1848-1903)의 1897년 작품의 제목인 '우리는 어디서 왔으며, 누구이고, 어디로 가는가?(Where Do We Come From? What Are We? Where Are We Going?)'가 거론되기도 한다. 이 작품은 인간 존재의 근원에 대한 물음을 던지고 있는 것으로 알려져 있다.

'나는 누구? 여긴 어디?'와 함께 마음챙김명상의 마음수행를 함으로써 욕구-생각을 쉬고 '기본-나'인 '영점-나'를 회복하는 훈련을 할 수 있다. 그러나 저울이 저울인 것은 무게를 재기 때문이다. 저울의 영점이 잘 잡혀있도록 하는 것도 무게를 잘 재기 위함이다. 언제나 영점만 정확하게 지키며 폼 잡고 있는 저울이 있다면 그것은 저울이 아니다. 차라리 영점이 다소 부정확하게 잡혀있더라도 무게를 잴 수 있는 저울이 제대로 된 저울이다. '나는 누구? 여긴 어디?'와 함께 욕구-생각을 쓰는 긍정심리의 마음수행을 하는 것이 필요하다.

'나는 누구? 여긴 어디?'의 출처와 관련해서 1990년대에 인기가 높았던 듀스(Deux)의 '우리는'이라는 노래가사에 포함된 '난 누군가 또 여긴 어딘가'를 꼽기도 한다. 이 노래를 들어보면 노랫말에서 뿐만 아니라 빠르고 강한 비트의 선율에서 '정신줄' 놓친 멍한 상태와는 달리 삶에 대한 적극적이고 전향적인 태도를 느낄 수 있다. 물론 적극적이고 전향적인 태도만이 긍정심리의 마음수행을 대변하는 것은 아니다. 또 '영점-나'의 기초가 잡히지 않은 상태에서 앞만 향해 나가는 것은 위태로울 수 있다. 그러나 중요한 것은 고요한 '영점-나'에만 머무는 것이 아니라 여러 건강한 '나'들을 조화롭게 양성하는 긍정심리의 마음수행이 필요하다는 것이다.

'나는 누구? 여긴 어디?' 우린 모두 지구별 여행자. '나는 누구? 여긴 어디?' '영점-나'를 놓치지 않으면서 건강한 '나'들을 굴린다. '나는 누구? 여긴 어디?' 명상, 마음챙김과 함께 긍정심리의 마음수행을 생활 속에서 균형 있게 실천함으로써 같이 더불어 살아가는 삶 속에서 응무소주이생기심(應無所住而生其心) 한다.

'영점-나'에도 집착하면 안 된다

고요하게 명상할 때 마음챙김하면 '영점-나'를 자각할 수 있다. '영점-나'가 기본-나가 되도록 자꾸 동일시해야 한다. 특정한 파도만을 나인 줄 알고 살다가 바다가 나임을 자각한다. 아직 '영점-나'는 나에게 낯선 나다. 자꾸 동일시하지 않으면 '영점-나'를 나로 인식하지 못한다.

'영점-나'는 어떤 무게도 올려놓지 않은 저울의 0점 상태를 비유해서 온 말이다. 저울이 0점을 못 가리키면 안 된다. 좋은 저울이 아니다. 5kg 무게를 올리면 5kg 가리키고 제자리로, 0점으로 돌아와야 한다. 제자리로 가지 못하면 신뢰로운 저울이 아니다. 20kg 무게를 올리면 20kg 딱 가리키고 내려놓으면 0점으로 가야한다. 그렇지 못하면 저울이라고 할 수 없다. 그래서 영점을 잡는 것이 중요하다.

그러나 '영점-나'에만 빠지면 안 된다. 만약 저울이 0점만 가리킨다면 어떻겠는가. 5kg 얹어도 0점만, 50kg 얹어도 0점만 가리킨다면. 마치 저울이 나는 0점만 가리킬 거야! 라고 주장하는 것처럼. 그렇다면 그런 저울은 갖다 버려야한다. 차라리 0점은 제대로 못 가리켜도, 오차는 있어도 무게에 따라 바늘이 움직여야 저울이지 0점에서 움직이지 않는다면 저울이 아니다. '영점-나'에만 머물러서는 안 된다. 간간이 '영점-나'와 접속하며 나의 기본이 '영점-나'임을 잊지 않는 것은 필요하다. 그러나 저울은 무게를 잴 수 있어야 한다. 그래야 저울이다.

그러니까 마음수행에서 빼놓을 수 없는 것이 욕구와 생각을 '쓴다'의 긍정심리 수행이다. 저울은 쓸 수 있어야 한다. 욕구와 생각을 쉬며 바라보는 마음챙김명상을 통해 '영점-나'를 양성할 뿐만 아니라 욕구와 생각을 쓰는 긍정심리 수행을 통해 '감사의 나'도 양성하고 따뜻한 '자비의 나'도 양성하며 웰빙인지를 통해 '지혜로운 나'도 함께 양성한다. 욕구와 생각을 쉬는 것도 욕구와 생각을 잘 쓰기 위해서다.

마음사회이론과 긍정심리

때로는 못난 '나'에만 꽂혀 다른 '나'들을 소외시키는 경우도 많다. 못난 '나'를 이렇게도 생각하고 저렇게도 생각하고 부정하고 밀어내려고도 한다. 그러나 결국 하는 일은 마음무대에 못난 '나'만 불러 세우고 있는 것이다. 못난 '나'를 편애하고 있는 것이다. 하얀 북극곰을 생각하지 않으려고 하면 더욱 생각나는 것이 마음의 작용 아닌가.

마음사회이론을 통해서 여러 '나'들이 있음을 상기해보자. 우리 안에는 못난 '나'도 있지만, 제법 잘난 '나', 건강한 '나'도 있다. 못난 '나'와 싸우지 말고 건강한 '나'를 키우자는 것이 긍정심리의 마음수행이다. 못난 '나'와 싸우지 않는다. 그냥 내 마음사회에 사는 1/n의 '나'로 인정해준다. 그러면 마음사회의 어느 어느 한 구석에서 편안하게 살 뿐이다.

깊은 계곡을 사이에 두고 괴물과 줄다리기를 벌이고 있다면 그저 그 줄을 내려놓는다. 그 줄은 내가 당기면 당길수록 괴물도 더욱 강하게 당길 것이다. 내가 줄을 당기는 한 어느 한쪽은 깊은 계곡에 빠지게 되는 게임을 하게 된다. 그냥 내려놓고 내 갈길 가면 된다.

마음사회이론을 가만히 숙고해 보고 내 안의 부정적인 '나'를 인정해주자. 내 안의 건강한 '나'들이 드러날 것이다. 그동안 부정적인 '나'로 인해 소외된 '나'들이 보이기 시작할 것이다. 내 마음에는 미운 '나'도 있지만 사랑스러운 '나'도 있다. 부정적인 '나'와 싸우기보다 건강한 '나'를 키우자. 긍정심리의 마음기술을 배우며 건강한 '나'들을 양성하자.

'배웠다!'

'웰빙인지'는 웰빙을 만들어내는 인지, 즉 생각이다(김정호, 2015). 인지와 언어는 밀접해서 웰빙인지를 떠올리는 말이나 글을 제공하면 마음의 무대에 웰빙인지를 불러낼 수 있다. 웰빙인지기법은 '안-밖합치도'에 바탕을 두고 웰빙인지를 떠올리게 하는 말이나 그림, 사진, 동영상 등을 제공하여 마음에 웰빙을 만들어내는 '긍정심리'의 방법이다. 지금까지는 주로 문장을 제공하는 웰빙인지기법이 심리학적 연구를 통해 그 유용성이 검증되었다.

우리는 후회되는 행동을 했을 때 '이랬을 걸!', '아, 저렇게 했으면 좋았을 텐데!', '왜 이렇게 나는 멍청하지!', '나를 뭐라고 할까!', '……' 이런 식으로 곱씹으며 반추하는 경우가 많다. 이것은 이미 발생한 일을 받아들이지 못하고 저항하고 있는 것이다. 첫 번째 화살에 이어 두 번째 화살을 스스로에게 쏘고 있는 것이다. 결과적으로 동기좌절의 지속적 활성화로 스트레스만 증폭시키며 유지시키게 된다.

이렇게 후회되는 행동을 했을 때 '배웠다!'의 웰빙인지문장을 되뇐다. 곧바로 동기좌절과 동기좌절 예상의 반추를 차단해준다. 또한 '아, 다음에는 이렇게 행동하면 되겠구나!' 삶의 기술을 하나 배웠으니 동기충족이고, 다음번에는 잘할 수 있으니 동기충족 예상이다. 스트레스는 짧게 끝나고 웰빙으로 마무리된다.

웰빙인지기법은 이이제이(以夷制夷), 이열치열(以熱治熱)의 기법이기도 하다. 생각(인지)으로 인한 고통을 생각(인지)으로 다스리는 것이다. 후회하는 생각은 동기좌절과 동기좌절 예상의 스트레스를 지속하고 악화시키지만 웰빙인지는 동기충족과 동기충족 예상을 활성화하는 생각으로 웰빙을 만들고 유지시켜준다.

웰빙인지기법은 긍정심리의 마음기술이다. 긍정심리의 마음기술은 욕구(동기)와 생각(인지)을 '쉬는' 명상의 마음기술과 달리 욕구(동기)와 생각(인지)을 '쓰는' 마음기술이다.

'뭘 바래?!' : 나에게

스트레스를 경험할 때
마음챙김으로 알아차리고
곧바로
속으로 뇌어본다.
'뭘 바래?!'

동기상태이론에서 설명하듯이
스트레스는 동기좌절 또는 동기좌절 예상이라는 동기의 상태다.
동기(욕구)가 없으면 스트레스도 없다.

'뭘 바래?!'
다그치듯이 말하지 않는다.
정말 나의 어떤 욕구가 있어서 지금의 스트레스를 경험하는지
진심을 가지고
깊이 숙고해본다.

스트레스를 경험할 때
밖을 보기보다 안을 본다.
내 안의 어떤 동기가 좌절 혹은 좌절 예상 되고 있나?
가만히
숙고해본다.

우리는 의외로 삶에서 무엇을 원하는지 모르고 사는 경우가 많다.
심지어 '인간은 타자의 욕망을 욕망한다'는 라캉의 말대로
악성 바이러스 프로그램처럼 밖에서 심어진 욕구를 자신의 욕구인줄
  알고 살면서
그 욕구가 좌절되거나 좌절 예상 된다고 고통받는다.

뻐꾸기는 둥지가 없다.
뱁새나 딱새 등 다른 새의 둥지에 알을 낳기 때문이다.

심지어 다른 새의 알을 바깥으로 밀어내버린다.

뱁새나 딱새는 뻐꾸기가 낳은 알을 자신의 알인 줄 알고 부화시키고 먹
   이를 물어다주는 수고를 아끼지 않는다.

우리는 누구의 욕구를 추구하고 있을까.

내가 쥐고 있는 것이 뜨거운 석탄인 줄 알면

더러운 똥인 줄 알면

내려놓지 않을 사람이 어디 있겠는가.

'뭘 바래?!'

어떤 스트레스든

스트레스를 경험할 때 가만히 숙고해본다.

한 가지 답이 나오면

왜 그것을 동기로 갖고 있지는

또 다시 가만히 물어 본다.

'뭘 바래?!'

이렇게 동기 위의 동기, 또 그 동기 위의 동기를 찾아가본다.

지금 경험하는 스트레스의 원인되는 동기들을 확인하게 되면

어떤 동기는 자연스럽게 내려놓게 되어

마음의 자유를 얻게 될지도 모른다.

그리고

자신이 진정 바라는 동기에 좀 더 관심을 가지고 추구하게 될지도 모
   른다.

자신이 진정 바라는 동기라면

추구하는 과정에 경험하게 되는 동기좌절이나 동기좌절 예상도

기꺼이 감내할 수 있을 것이다.

또한

그 과정에서 동기의 충족과 충족 예상이라는 웰빙을 경험하게 될 수

 있다.

'뭘 바래?!'는 스트레스를 다스리는 좋은 웰빙인지문장이다.

생각을 '쉬는' 명상의 마음기술과는 달리

생각을 적극적으로 '쓰는' 긍정심리의 마음기술이다.

자신의 욕구(동기)들을 바르게 이해하고

불건강한 동기를 내려놓고

건강한 동기를 추구하게 도와준다.

어떤 동기가 더 중요한지

어떤 동기는 덜 중요한지

동기의 위계를 명료하게 이해하고

바르게 조정하게 도와줌으로써

삶에서 현명한 선택으로 이끌어준다.

'뭘 바래?!'라고 속으로 외칠 때 말의 톤(tone)이 중요하다. 따지듯이 소리치는 것은 바람직하지 않다. 남편이 술 먹고 밤늦게 들어오는 날이 많을 때 아내가 "왜 맨날 술 먹고 밤늦게 들어오는 거야?!"라고 따지듯 말할 때 '왜'라고는 했지만 실제로 궁금해 하는 것은 아니다. 그런 상황이 싫어서 소리치는 것이다. 이런 것은 '저항의 왜'다.

비슷해 보일지 모르지만 "왜 맨날 술 먹고 밤늦게 들어오는 걸까?!"라고 진정 궁금해 하며 스스로 묻는다면 이것은 '수용의 왜'다(김정호, 2020, pp.296-297). 마찬가지로 '뭘 바래?!'라고 스스로에게 물을 때 참으로 궁금해 하는 톤으로 차분하게 묻는 것이 좋다.

각각의 상황에서 여러 가지 스트레스를 경험할 때 마다 동기상태이론을 상기한다. 동기가 없으면 스트레스가 없다. 스트레스 받으면 딱 욕구를 돌아봐야 한다. '아, 어떤 욕구가 좌절됐구나.' '어떤 욕구의 좌절이 예상되고 있구나.' 스트레스를 통해서 나를 이해할 수 있다. '이것 때문에 스트레스 받는구나. 그 욕구가 진짜 내 욕구인가? 타자의 욕망을 욕망하는 것은 아닌가?' 타자의 욕구라면 과감히 내려놓고 나에게 소중한 것이면 받아들이고 나아가야 한다. 나에게 정말 중요한 동기라면 받아들일 수 있고 거기서 오는 스트레스라면 감내할 수 있다. 그런데 알고 보니 내 욕구도 아니고 어디서 악성바이러스처럼 밖에서 심어진 욕구라면, 그것을 알아차렸다면 한 번에 안 되더라도 차차 내려놓는 훈련을 해야 한다. 스트레스를 경험할 때 내 욕구를 확인할 수 있으니 얼마나 좋은가. 나를 알 수 있는 좋은 기회. 나의 건강한 바른 욕구를 세우고 그것에 초점을 둔다.

나를 향한 '뭘 바래?!' 기법과 관련해서 한 가지 더 덧붙이면, 이 기법을 스트레스를 경험할 때만이 아니라 평소에 적용하는 것도 좋다. 틈틈이 '뭘 바래?!' 하면서 스스로 숙고해보면 자신이 삶에서 진정으로 바라는 것이 무엇인지, 무엇을 가치 있게 생각하는지 깨우치는 데 도움을 준다. 생각나는 대로 차분하게 글로 적어두면 전체적으로 동기들 간의 관계와 위계, 인지와 인지의 관계, 인지와 동기와의 관계 등을 파악하는 데도 좋다.

'뭘 바래?!' : 너에게
- -

'뭘 바래?!'는 나에 대해서뿐만 아니라 주변사람들에 대한 이해를 깊게 해주는 '웰빙인지문장'이다.

아울러 나와 상대의 관계에 대한 통찰도 가져다준다.

나와 상대는 서로 무엇을 바라고 있을까.

누군가와의 관계에서 스트레스를 경험할 때

마음챙김으로 알아차리고

곧바로

속으로 뇌어본다.

'뭘 바래?!'

내가 상대에게

정말

바라는 것은 무엇인가?!

상대가 나에게

정말

바라는 것은 무엇인가?!

평소에도

일상생활 중에

종종

나에 대해 나는 삶에서 '뭘 바래?!' 하고 깊게 숙고해본다.

가까운 가족, 친구, 직장동료 등에 대해

나는 그들에게 '뭘 바래?!' 하고 깊게 숙고해본다.

또

그들은 나에게 '뭘 바래?!' 하고 깊게 숙고해본다.

더 나아가

그들은 삶에서 '뭘 바래?!' 하고 깊게 숙고해본다.

이렇게 '뭘 바래?!'를 깊게 숙고함으로써
나와 주변사람들의 욕구(동기)에 대한 통찰을 얻을 수 있다.
내려놓아도 되는 나의 동기는 내려놓음으로써 불필요한 스트레스로부
　터 자유로워질 수 있다.
상대의 중요한 동기를 이해함으로써 나와 상대 모두 만족스러운 선택
　을 할 수 있게 된다.

동기상태이론에서 설명하듯
동기(욕구)가 없으면 스트레스도 없다.
물론 동기가 없으면 웰빙도 없다.
나와 상대의 동기를 바르게 이해하는 것이
서로의 행복과 성장을 가져다주는 바른 관계를 만들어준다.

'뭘 바래?!'는 스트레스를 줄이고 웰빙을 늘려주는 좋은 웰빙인지문장
　이다.
생각을 '쉬는' 명상의 마음기술과는 달리
생각을 적극적으로 '쓰는' 긍정심리의 마음기술이다.
나와 상대의 욕구(동기)들을 바르게 이해하고
불건강한 동기를 내려놓고
건강한 동기를 추구하게 도와준다.

여기서도 '뭘 바래?!' 라고 속으로 외칠 때는 앞에서처럼 말의 톤(tone)이 중요하다. 따지듯이 소리치지 않고 참으로 궁금해하는 톤으로 묻는 것이 좋다.

자신이 낳고 키우는 자녀임에도 때로 미움의 관계를 맺는 경우도 있다. 그러면서도 키우는 강아지나 고양이에 대해서는 늘 사랑으로 대한다. 그 이유는 그들에게 특별히 바라는 바가 없기 때문이다. 자녀가 미운 것은 자녀에게 바라는 것이 있고 그것이 뜻대로 이루어지지 않기 때문이다. 그런데 자녀에게 정말 바라는 것은 무엇인가?! '뭘 바래?!' 진심으로 묵묵히 돌아볼 필요가 있다.

사람들과의 관계에서도, 내가 바라는 것이 무엇인가? '뭘 바래?!', '뭘 바래?!'를 웰빙 인지처럼 쓰면 좋다. 나에 대해서도 '뭘 바래?!' 스스로 묻는다. 뭘 바라는데 이것 때문에 스트레스 받아? 나를 이해할 수 있다. 나는 나에 대해 무엇을 바라며 상대에게는 무엇을 바라는지 분명하게 알아본다. 또 관계에서 오는 스트레스이니 상대에 대해서도 '뭘 바래?!'를 한다. 관계 스트레스는 주로 가까운 사이에서의 스트레스다. 모르는 사람과의 관계 스트레스는 없다. 아내는 스스로에 대해 그리고 나에 대해 '뭘 바래?!' 아들은 자신에게 그리고 나에게 '뭘 바래?!' 궁금한 것이다. '수용의 왜'에서처럼. 이렇게 '뭘 바래?!' 수행을 하다 보면 나와 상대에 대한 이해가 높아진다. 나와 상대의 관계에서 어떻게 맞춰가야 할지 지혜가 생긴다. 이렇게 하다 보면 마음챙김의 있는 그대로 봄의 수용과 함께 긍정심리를 쓸 수 있다. 건강한 동기, 인지, 행동을 만들어갈 수 있다. 명상, 마음챙김, 긍정심리 수행의 3체계, 3박자를 잘 맞춰갈 수 있다.

'뭘 바래?!'가 스트레스 - 웰빙관리에 도움이 되는 이유

스트레스를 경험할 때 '뭘 바래?!'하고 숙고를 하면 다음과 같은 방식으로 유익함을 얻게 된다.

첫째, 스트레스의 악화와 지속을 막는다. 스트레스를 경험할 때 마치 스스로에게 두 번째 화살을 쏘듯이 스트레스를 반추하며 스트레스를 키우고 더 오래 머물게 만든다. 자신의 행동을 후회하거나 타인의 행동을 원망하면서 계속 주의를 스트레스에 붙들어놓는다. 감정이라는 불은 생각이라는 연료가 주입되지 않으면 더 이상 타지 못한다. 주의는 정신자원의 배분이다. 또한 한 번에 사용할 수 있는 정신자원은 제한되어 있다. 주의를 '뭘 바래?!'에 두게 되면 건강한 생각으로 주의가 사용된다. 자연히 스트레스의 감정을 악화시키는 생각으로 가는 주의는 감소한다.

둘째, 웰빙을 증진시킨다. 자신이 진정으로 원하는 것이 무엇인지 삶에서 가치 있는 동기를 명료하게 통찰할 수 있는 기회가 주어진다. 자연스럽게 중요한 동기의 충족을 추구함으로써 더 큰 동기충족과 동기충족 예상의 웰빙을 경험할 수 있다.

정신화, 마음챙김 그리고 역지사지(易地思之)

마음챙김을 설명할 때 정신화(mentalization)와의 관계를 다루기도 한다. 정신화는 나 자신 또는 타인의 행동 뒤의 마음상태(mental states)에 대한 추론을 통해 자신과 타인을 이해하는 능력이다(Bateman & Fonagy, 2006). 여기서 마음상태에 대한 추론이라 함은 주로 행동 너머의 욕구, 의도, 목적, 느낌, 믿음, 이유 등에 대한 추론을 말한다.

마음챙김을 하면 의식할 수 있는 마음의 상태를 객관적으로 바라보게 되므로 내 행동의 원인을 이해하고 설명하는 데 도움이 된다. 물론 마음챙김이 행동의 이유를 추론하는 것은 아니다. 추론하는 것은 마음챙김과는 다른 인지적 작용이다. 우리가 어떤 행동을 할 때 습관적으로 할 때도 많은데 이런 경우에는 원인이 되는 욕구나 인지가 명확하게 인식되지 않는다. 때로는 의식적으로 알고 있는 것과는 다른 욕구나 인지가 의식 아래에서 행동의 원인으로 작용하는 경우도 있다.

마음챙김을 꾸준히 하면 지금의 의식경험을 있는 그대로 바라보는 수용의 마음챙김 능력이 향상되므로 행동 너머의 욕구를 파악하는 데 도움이 된다. 특히 마음사회이론을 깊이 인식하고 마음챙김을 지속해나가면 억눌려 있어서 의식되지 않던 내면의 동기와 인지를 점차 볼 수 있게 된다. 그러나 행동의 원인을 파악할 때는 인지적인 추론 능력도 중요한데 이러한 추론 능력이 정신화의 능력이다.

나의 마음인데 무슨 추론이냐고 주장하는 사람도 있을 수 있다. 그러나 Bem(1972)의 자기지각이론(self-perception theory)에서는 우리가 자신에 대하여 판단할 때, 다른 사람을 판단할 때와 마찬가지로 여러 가지 관찰할 수 있는 단서들을 가지고 추론한다고 주장한다. 자신의 정서나 태도 등 내적 상태는 부분적으로는 자신의 행동에 대한 관찰과 행동이 나타나는 상황을 추론함으로써 알게 된다고 본다(김정호, 김선주, 2007, p.18). 어떤 사람은 목공일을 좋아하지 않는다고 말했지만 실제 해보고서는 자신이 매우 즐기는 것을 발견하기도 한다. 특정인을 싫어한다고 말했지만 나중에 그 사람과 결혼하는 경우도 있다. 마음사회이론으로 보면 마음 안의 여러 '나'들이 서로의 상태를 이해하는 데 정신화의 능력이 필요하다고 하겠다.

타인에 대한 정신화는 당연히 마음챙김이 아니다. 그러나 마음챙김이 타인에 대한 정신화를 도울 수는 있다. 일반적으로 정보처리는 위-아래 처리(top-down processing), 즉 자신의 욕구, 사전지식, 선입관 등의 영향을 많이 받으므로 타인과의 상호작용에서 자신의 마음 작용을 잘 볼 줄 알고 위-아래 처리를 중지할 줄 알면 타인의 행동의 이유에 대한 바른 이해에도 도움이 된다(김정호, 2020, p.78)

타인에 대한 정신화의 능력에 마음챙김이 도움이 되지만 이 경우에는 생각을 사용하는 긍정심리의 마음기술이 더 도움이 된다. 긍정심리의 마음기술에 속하는 웰빙인지기법을 적용하는 것이다. 타인의 마음상태를 이해하는 데는 '역지사지(易地思之)'의 웰빙인지가 좋다. 상대가 어떤 욕구와 생각을 갖고 지금 상황을 어떻게 바라볼지 최대한 상대의 입장이 되어 숙고하는 것이다. 앞에서 다룬, 상대에 대해 '뭘 바래?!'를 적용하는 것도 역지사지를 하는 데 많은 도움이 된다.

평소에 우리는 자신의 입장에서만 상대와 상황을 보기 때문에 상대의 입장에서 나와 상황이 어떻게 보이는지 잘 모른다. 상대의 입장이라는 것은 상대의 욕구와 생각이다. 역지사지를 한다는 것은 상대가 어떤 욕구와 생각을 갖고 있는지 추론하는 것이다. 일상생활에서 가급적 상대는 어떤 욕구와 생각을 갖고 있을지 숙고해보는 역지사지는 타인에 대한 정신화 능력을 키워주게 된다.

자기 자신과 상대의 행동 너머에 있는 욕구와 생각에 대해 바르게 추론하는 정신화 능력은 바른 행동과 좋은 관계를 위해 필요한 능력이다. 장사를 하려고 할 때도 그냥 시작하지는 않는다. 어떤 품목이 좋은지, 어떤 곳이 목이 좋은지 등을 알아본다. 나를 이해하고 나의 행복과 성장을 위한다면, 가까운 사람들을 이해하고 그들의 행복과 성장을 위한다면, 그들과 좋은 관계를 맺어가려면 공부를 해야 한다. 연구하고 숙고하는 자세가 필요하다. 마음챙김의 훈련, 역지사지의 긍정심리 훈련이 도움이 된다.

정신화와 자비

나와 상대에 대한 정신화 능력, 즉 나와 상대의 행동 너머의 욕구와 생각에 대한 바른 추론은 나, 상대 그리고 서로의 행복과 성장에 중요하다. 그러나 여기서 한 가지 생각해봐야 할 점이 있다. 나도 상대도 마음의 상태는 고정되어 있지 않다. 마음의 상태가 단단한 철이나 바위처럼 늘 고정된 것이 아니다. 상황에 따라, 또 나의 선택에 따라 변화한다. 내가 나를 어떻게 바라봐주는가에 따라 내 마음의 상태가 달라지고 행동도 달라진다. 상대 역시 내가 그를 어떻게 바라봐주는가에 따라 그의 마음의 상태가 달라지고 행동도 달라진다.

'자성예언'이라고도 하는 '자기충족예언(self-fulfilling prophecy)'에서 볼 수 있듯이 내가 상대에 대해 갖는 믿음이 상대를 그렇게 만들 수 있다. 내가 상대를 성격 나쁜 사람이라고 생각하면 나는 멀리서 그 사람이 보일 때부터 몸이 긴장되고 얼굴이 굳을 것이다. 가까이에서 보게되면 딱딱한 얼굴로 겉치레 인사만 할 것이다. 입장 바꿔 생각해보자. 나를 보고 반기는 기색도 없고 굳은 얼굴로 형식적 인사만 하는 사람에게 보이는 내 표정과 반응이 어떻겠는가. 반면에 멀리서부터 나를 보고 반기며 다가오는 사람을 보면 벌써부터 표정이 밝아지고 따뜻한 인사를 건네게 될 것이다. 상대가 어떤 사람이라는 나의 믿음이 그 사람으로 하여금 나의 믿음을 충족시키는 방식으로 반응하게 하는 것이다.

심지어 학생들의 능력에 대한 교사의 믿음이 학생들의 학기말 성적에 영향을 주기도 하는데 이 연구를 진행한 하버드대학 교수 로젠탈(Rosenthal)의 이름을 따서 로젠탈 효과라고 부른다. 이러한 현상은 피그말리온(Pygmalion) 효과라고도 하는데 그리스 신화에서 따온 말이다.

피그말리온이 자신이 조각한 아름다운 여인상을 살아있는 여인처럼 대하고 지극히 사랑하자 여신 아프로디테가 감동하여 그 조각상에 생명을 불어넣어줬다는 얘기다. 이와 같이 상대에 대한 믿음은 상대를 그 믿음에 부합되게 만들어주는 힘이 있다.

이러한 믿음이 주는 자기충족예언의 현상은 나에 대해서도 작용한다. 나는 나 자신을 어떻게 보는가. 내가 나에 대해 갖는 믿음도 나를 그 믿음에 맞게 만든다. 마음사회이론을 생각해보자. 내 안에 여러 '나'들이 산다. 내가 보여주는 믿음에 따라 그에 맞는 '나'가 자주 마음무대에 등장할 것이다. 자주 등장하는 '나'는 점차 마음무대 가까이 포진하게 되고 더 영향력이 커지게 된다. 마음사회이론으로 보면 상대의 마음도 여러 '나'들이 사는 사회다. 적어도 나를 만날 때는 내가 자주 부르는 상대의 '나'가 자주 그의 마음무대에 등장할 것이다. 자연히 그의 마음무대에서 차지하는 영향력도 커질 것이다.

긍정심리 수행은 욕구와 생각을 잘 쓰는 수행이다. 무엇보다 나 자신과 상대에 대해 자비심을 양성하며 내 안에 따뜻한 '자비-나'를 키우자. '자비심'처럼 선한 동기와 인지로 나와 타인을 대하면 나와 타인을 따뜻한 시선으로 볼 수 있게 된다. 당연히 나와의 관계나 타인과의 관계는 자연스럽게 좋아진다. 누구나 상대의 기대에 부응해서 행동하는 법이다. 내안의 '나'들도 상대의 '나'들도 좋게 보아주면 좋게 행동하게 된다.

마음사회이론에서 설명하듯이 우리 마음 안에는 여러 '나'들이 산다. '자기비난'이나 '자기연민'의 눈으로 나를 부정적으로 '정신화'하지 말고 가급적 '자기자비'의 마음으로 나를 대하는 것이 좋겠다. 타인을 부정적인 '투사'나 '독심술사고'로 부정적으로 '정신화'하지 말고 가능하면 따뜻한 '자비'의 눈으로 대하는 것이 좋겠다. 이것이 내가 나를, 우리가 서로를 성장의 삶으로 이끌어주는 길이다. 이렇게 내 안에 그리고 타인 안에 건강한 '나'들이 클 수 있도록 하면 좋겠다.

'미래를 만드는 가장 좋은 방법은 미래를 만드는 것이다.'라는 말이 있다. 미래는 정해진 것이 아니다. 내가, 우리가 만들어가는 것이다. 마찬가지로 나도, 상대도 정해져 있지 않다. 끊임없이 만들어갈 수 있는 존재다. 어떤 나를, 어떤 상대를 만들어 가는지 바로 지금 내가 정하는 것이다. 쉬운 일은 아닐 것이다. 그래서 마음공부는 꾸준한 반복이 필요하다.

가스라이팅과 자비

가스라이팅(gaslighting)은 '가스등(Gas Light)'이라는 제목으로 연극과 영화로 상연된 작품에서 따온 말이다. 이 작품에서 아내의 재산을 노리고 결혼한 남편은 정상적인 아내를 스스로의 판단을 의심하게 만들어 정신적으로 의존적이고 피폐하게 만든다. 여기서 가스라이팅은 "거부, 반박, 전환, 경시, 망각, 부인 등 타인의 심리나 상황을 교묘하게 조작해 그 사람이 현실감과 판단력을 잃게 만들고, 이로써 타인에 대한 통제능력을 행사하는 것을 말한다." (네이버 지식백과 '시사상식사전'에서 인용)

가스라이팅은 정신적 학대로서 의도적으로 이루어지는 것으로 보지만 실제로는 가해자 본인이 의식하지 못하고 행하는 경우도 있다. 특히 부모가 자녀에게 가하는 가스라이팅은 부모 자신도 자신의 부모로부터 받은 가스라이팅을 반복하는 경우가 많다. 조직 내에서 이루어지는 가스라이팅도 조직문화 속에서 가해자가 가해를 한다는 분명한 의식 없이 대물림으로 이루어지기도 한다.

이러한 가스라이팅 현상에는 인간의 정보처리적 특성도 관련이 있다. 인간은 다른 사람의 마음상태(mental states)를 직접 알 수는 없다. 상대로부터 관찰할 수 있는 언행에 바탕을 두고 추론할 수밖에 없다. 이러한 추론을 정신화(mentalization)라고 하는데 정신화를 할 때 인간은 인지적 오류를 범하기 쉽다. 이러한 인지적 오류는 인간이 정보처리할 때 동원하는 비합리적 인지전략이 정신화에 사용될 때 나타난다. 대표적인 비합리적 인지전략에는 한 가지 현상은 확대하고 나머지는 축소하는 '확대-축소', 한두 가지의 현상으로 전체 특성을 판단하는 '과일반화', 두어 가지 범주로 분류하려는 '흑백논리', 자신의 생각으로 상대의 마음상태를 정확하게 알 수 있는 것처럼 판단하는 '독심술사고' 등이 있다(김정호, 2002, 2015). 여기에는 인간의 정보처리가, 대체로 있는 그대로 보는 '아래-위로의 처리(bottom-up processing)'보다는 자신의 욕구(동기)와 고정관념(인지)이 개입하는 '위-아래로의 처리(top-down processing)'라는 점도 작용한다.

정신화는 타인뿐만 아니라 자기 자신의 마음상태를 추론할 때도 사용되는 개념이다. 다른 사람의 마음상태보다는 덜 하겠지만 자신의 마음상태도 정확하게 알지 못하는 경우가 많다. 자기 자신의 마음상태를 추론할 때 다른 사람의 마음상태를 추론할 때 범할 수 있는 인지적 오류가 그대로 적용되며 자신의 욕구와 고정관념의 영향도 받는다.

자신도 모르게 사람들에게, 그것도 사랑하는 배우자나 자녀에게 가스라이팅을 행하고 있다면 얼마나 끔찍한 일인가. 더구나 어떤 경우에는 마치 다른 사람이 가스라이팅을 하듯이 자기 자신에 대해서도 과도

하게 부정적인 평가를 하며 낮은 자존감, 수치심, 무력감 등으로 고통 받기도 한다. 안타까운 일이다.

인간 정보처리의 취약성을 잘 인식하고 나 자신이나 타인에 대한 '평가'나 '판단'은 가급적 뒤로 미루는 것이 좋다. 그 대신 내 마음에서 경험되는 것이나 상대의 언행에서 관찰되는 것을 가능한 한 있는 그대로 '기술'하는 습관을 들인다. 예를 들어, 한두 번의 실수나 잘못을 두고 '내가(혹은 네가) 그러면 그렇지. 무슨 일인들 잘하겠어.'라는 식으로 과일반화로 나 자신이나 타인을 평가하지 않는다. 이런 것도 가스라이팅이 될 수 있음을 잘 인식한다. 과일반화의 평가를 할 때 이런 식으로 말하고 있음을 마음챙김 할 수 있으면 도움이 된다. 가급적 '이번에 실수했구나.'라고 기술하고 객관적인 분석을 통해 교훈을 얻도록 한다. 가능하면 '그럴 수도 있다. 다음엔 잘하자.'라고 위로와 격려도 보내며 관대한 마음, 자비로운 마음도 배양한다. 정서상태가 불편한 것에 대해 '나는(혹은 너는) 너무 예민해.'라고 과일반화하며 판단하지 않는다. 이것도 가스라이팅에 속함을 잘 깨닫도록 한다. 역시 마음챙김이 도움이 된다. 가급적 '지금 마음이 좀 불편하구나.'라고 기술하고 가만히 수용해준다. 가능하다면 '몸이 피곤해서 그런 모양이구나. 잠깐 기분전환 할까?' 라고 따뜻하게 말해주며 자비로운 마음을 양성한다.

생각하는 능력, 즉 인지는 세상과 우리 자신에게 커다란 영향을 줄 수 있다. 칼이라는 도구도 잘 다루어야 하듯이 인간은 자신에게 부여된 강력한 도구인 인지를 잘 사용하는 법을 배워야 한다. 이것이 우리 각자가 마음공부를 해야 하는 이유의 하나이기도 하고 국가적으로도 공교육에 마음공부가 포함되어야 하는 이유이기도 하다. 인간의 욕구(동기)와 생각(인지)이 어떻게 작용하는지에 대해서도 공부해야 하고 이것을 사용하는 방법도 배워야 한다. 판단이나 평가 없이 자신의 마음을 들여다보는 마음챙김의 능력을 양성하는 것도 필요하다. 이러한 공부는 자기 자신과 타인의 마음을 바르게 이해하는 정신화 능력을 향상시키고 따뜻하고 생산적인 의사소통에도 기여할 것이다. 자연스럽게 가스라이팅이라는 정신적 학대도 사라질 것이다.

몸에게 친절하기 : 자기자비의 출발

자비 수행은 긍정심리 수행에 속하는 대표적인 수행법이다. 명상이 욕구와 생각을 쉬는 훈련이라면 자비 수행은 욕구와 생각을 쓰는 훈련이다. 무엇보다 나와 타인의 행복을 위하는 따뜻한 자비의 동기를 강화시킨다. 마음사회이론으로 설명하면 내 안의 건강한 나를 자꾸 키워주는 것이다.

자비 수행은 크게 자기자비와 타인자비로 구분된다. 자기자비는 나를 대상으로 자비를 보내는 것이다. 마음사회이론으로 볼 때 내 안에는 여러 '나'들이 있다. 어떤 나에게 자비를 보내는 것일까? 모든 나에게 자비를 보내는 것이다. 그중에서도 가장 먼저 챙겨 줘야 할 나가 있다면 그것은 바로 '몸-나'다. 몸에게 자비를 보낸다는 것은 무엇일까? 가장 쉽게 생각해본다면 몸에게 친절한 것이다. 우리는 몸에게 얼마나 친절할까? 우리가 태어나서 죽을 때까지 몸은 나를 위해서 혹은 여러 나를 위해서 많은 일들을 해주고 있다. 그런데 우리는 '몸-나'에게 친절한가? 몸에게 친절한 것이 나에 대한 자비, 즉 자기자비의 출발이다.

너무 일을 열심히 하고, 너무 공부를 열심히 해서 의자에만 앉아 있다면 몸에게 자비로운 걸까? 아니다. 무자비한 것이다. 몸에게 무자비한 행동이다. 종종 쉬어 줘야 한다. 몸에게 휴식을 줘야 한다. 노예도 그렇게까지 부리진 않을 것이다. 일중독자라고 불릴 정도로 일을 너무 열심히 하는 사람들, 공부를 너무 열심히 하는 사람들은 몸을 적절히 쉬어주면서 일을 하고, 공부를 하는 것이 필요하다. 그래야 몸도 좋은 컨디션으로 일도 잘하고 공부도 잘할 것이다.

식사를 할 때도 '아 맛있다'고 해서 마구 먹게 되면 어떤가? 나중에 후회하지 않나? 먹고 나서 나중에 속이 더부룩하고 기분이 안 좋지 않나? 몸에게 무자비한 것이다. 우리가 식사를 할 때도 적절한 양을 맛있게 먹으면 몸을 건강하게 해주는 것이다. 몸이 부대끼지 않고 편안하고 좋아라 한다. 그래서 몸에게 먼저 친절한 것이 자기자비의 출발이라고 할 수 있다.

규칙적으로 운동을 해주는 것도 몸에게 매우 친절한 행동이다. 좋은 자기자비다. 요가를 한다든지 혹은 매일 걷는다든지 그 밖에 자기가 좋아하는 운동을 꾸준히 규칙적으로 하는 것은 몸에게 매우 친절한 행위다. 몸이 좋아라, 한다. 몸이 매우 좋은 컨디션, 건강상태를 유지할 수 있게 도와주는 행위다. 그래서 자기자비의 출발은 바로 '몸-나'에게 친절함으로부터 출발하면 좋다.

이 글에서도 알 수 있는 것처럼 지혜와 자비는 함께 가야 좋다. 무엇이 몸에 좋은 것인지 잘 알아야 몸에게 친절할 수 있다. 내 마음 안에 어떤 '나'들이 있는지 잘 알고 그들 간에 균형감각도 있어야 한다. 내 안의 여러 '나'들에게 자비를 보내는 자기자비. 사회 속의 여러 구성원들에게 자비를 보내는 타인자비. 모두 지혜가 필요하다.

자비기원

자기기원은 특별히 시간을 내서 기도를 하듯이 자비의 기원을 반복하는 자비 수행이다. 자비기원을 할 때 나를 위한 '자기자비'와 타인을 위한 '타인자비' 외에 타인이 내게 보내는 '타인자기자비'를 포함하기도 한다. 타인자기자비는 내가 자비를 보낸 사람이 다시 내게 자비를 보내는 것을 스스로 심상하며 진행하는 것이다. 개인차가 있기는 하지만, 타인자기자비의 심상은 의외로 마음을 따뜻하게 해주는 효과가 크다.

자비기원은 심상 등 인지적 기능을 활용하는 기법이다. 마음은 어떤 심상도 만들 수 있다. 자비기원을 할 때 가급적 생생하게 심상을 그리도록 한다. 마음의 눈으로 보고 마음의 귀로 듣듯이 생생하게 보고 듣는다. 눈매와 표정을 부드럽게 하고 자기자비를 할 때는 몸 전체가 따뜻하고 환한 빛으로 가득 채워지는 것을 상상해도 좋다. 타인자비를 할 때는 그 빛이 넘쳐서 상대에게 전달되는 상상을 해도 좋다.

개인에 따라서는 심상이 생생하지 않을 수도 있다. 그러나 자비기원의 문구를 진심으로 반복하는 것만으로도 긍정적인 효과를 가져오므로 심상의 생생함에 너무 개의치 말고 진정성을 가지고 자비기원의 문구를 반복하면 된다.

아래에 자비기원을 안내하는 멘트를 예시를 소개한다. 자신의 목소리로 녹음해서 사용해도 좋다. 혹은 유튜브에 올려놓은 자비기원의 안내 멘트를 틀고 따라 해도 좋다. 유튜브에서 아래의 제목 혹은 주소로 접속할 수 있다. 물론 멘트 없이 속으로 혼자 해도 좋다.

아래의 유튜브 동영상은 자기자비, 타인자비, 타인자기자비를 각각 한 번씩 실행하는 안내하는 자비기원의 안내 동영상이다. 두 번째 동영

상은 첫 번째 동영상의 자비기원을 1시간 30분 동안 모두 23세트 반복
한다. 타인자비를 할 때는 동일한 사람을 대상으로 할 수도 있지만 매
번 대상을 바꿔가며 자비기원을 한다면 23명에게 자비를 보낼 수도 있
다. 평소에 이렇게 길게 시간을 내서 자비기원을 하기는 쉽지 않겠지
만, 혹 잠이 오지 않는 날이 있다면 한번 해봐도 좋다. 잠이 들어도 좋
고 잠이 들지 않아도 자비로운 나를 키우며 마음이 편안해지니 좋다.

명상 수행으로 욕구와 생각을 쉬는/비우는 것도 좋다. 긍정심리 수행
으로 건강한 욕구와 생각을 쓰는/채우는 것도 좋다. 자비기원의 긍정심
리 수행으로 내 마음사회에 따뜻한 나, '자비-나'를 키운다. 녹음 따라
자비기원 하며 내 마음에 자비로운 나가 한 뼘 자라기를 바란다.

자비기원

 https://youtu.be/6cZS-vtEZac

자비기원 : 1시간30분 진행

 https://youtu.be/0xDXwAFtRSg

마음챙김명상과 자비기원

 https://youtu.be/R7UTn4jMm_Q

자비기원을 하도록 하겠습니다. 자비기원은 먼저 자기를 향한 자기자
비, 타인을 향한 타인 자비, 그리고 그 타인이 나에게 보내주는 타인자
기자비입니다.

먼저 자기자비

나에게 자비로운 마음을 보냅니다. 나에게 감사한 마음과 함께 내 몸과
　마음이 나를 위해 여러 가지 일들도 해 주고 여러 가지 좋은 경험도
　하게 해줍니다. 그 나에게 자비의 마음을 보냅니다.

내가 건강하기를

내가 평화롭기를

내가 행복하기를

내가 성장에 삶을 살기를 기원합니다.

내가 환하게 미소 짓는 모습을 떠올려 봅니다. 나의 환한 미소를 떠올
　리며 나를 향해

건강

평화

행복

성장을 기원합니다.

이번에는 타인자비입니다.

내가 자비를 보내고자 하는 그 사람을 떠올립니다. 그 사람의 고마운
　점들을 떠올립니다. 그 사람의 환하게 미소 짓는 모습을 떠올립니다.
　이제 그 사람을 향해서

그분이 늘 건강하시길

늘 평화롭기를

늘 행복하기를

늘 성장의 삶을 살기를 기원합니다.

그 분의 환한 미소 띤 얼굴을 떠올리면서 그 분의

건강

평화

행복

성장의 삶을 기원합니다.

이제 끝으로 방금 내가 자비를 보낸 그 분이 이제는 나를 위해서 자비의 기원을 해주십니다. 마치 그분의 목소리를 듣는 것처럼 그분이 하는 그분이 보내는 자비를 잘 느껴보도록 합니다. 그 분이 나를 향해서 따뜻한 자비의 마음을 보내는 것을 잘 느껴봅니다. 그분의 목소리를 마음의 귀로 듣습니다.

나의 건강

평화

행복

성장을 기원하는 그분의 목소리를 마음의 귀로 듣습니다.

'건강-평화-행복-성장', 줄여서 '건평행성'은 MPPT 마음공부에서 사용하는 자비기원의 기본적인 문구다. 일반적으로 자비기원의 문구에 내가 혹은 상대가 고통으로부터 벗어나기를 바라는 내용이 포함되기도 한다. 특별히 고통 속에 있을 때는 괜찮지만 그렇지 않은 경우에는 적절하지 않은 듯해서 넣지 않는다. 그러나 '성장'이라고 할 때는 살면서 하게 되는 모든 경험, 특히 스트레스(고통)를 통해 오히려 마음을 공부하며 성장하는 삶을 살기를 바라는 기원이 담긴다. 단순히 고통으로부터 벗어나기를 기원하기보다 고통을 통해 성장하는 것이 더 적극적 태도일 것이다.

감사와 자비의 속말 및 자기대화

자비 수행은 일반적으로 자비 관련 문장과 심상을 일정하게 반복하는 '자비기원'의 방식으로 수행하지만, 평소에 감사와 함께 자기 자신에 대해 감사와 자비의 태도로 대하고 스스로에 대해 감사, 위로, 격려, 칭찬 등의 속말(self-talk)을 해주는 것도 좋은 감사-자비의 수행이다.

마음사회이론을 잊지 않는다. 남들에게 해주듯이 나 자신에게 감사하다는 말, 위로의 말, 격려의 말, 칭찬의 말을 해주면 내 안의 '나'들도 좋아한다. 당연하다 생각하지 말고 공부하고 일하고 수고했을 때 스스로에게 감사, 격려, 칭찬의 말을 해주고 힘들 때는 위로의 말도 해준다.

이러한 감사와 자비의 속말은 평소에 습관적으로 자신에 대해 알게 모르게 부정적으로 평가하는 불건강한 속말을 대체하고 소거시키는 긍정적인 효과도 가져온다. 이런 때는 정보처리용량제한성이 도움이 된다. 긍정의 속말을 하는 데 주의가 쓰이면 자연스럽게 부정의 속말에는 주의가 가지 못해 점차 줄어들고 소거의 길을 걷게 된다(그림 5 참조).

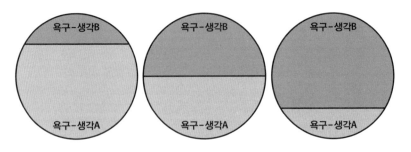

그림 5 '욕구-생각'들 간의 제로섬(zero-sum) 관계

또 마음이 힘들 때, 힘들어하는 '나' 곁에 자비롭고 지혜로운 '나'를 불러 대화를 나누는 자기대화(self-dialogue)도 좋다. 힘들어하는 '나'의 얘기를 들어주고 공감해주며 따뜻하고 지혜로운 얘기를 나눠준다. 자기 자신과 상황을 객관적으로 보고 현명하게 판단할 수 있게 도와준다. 이러한 자기대화는 내 안에 자비롭고 지혜로운 멘토와 같은 '나'를 양성해주는 좋은 긍정심리 수행법이다.

웰빙행동

웰빙인지가 나에게 웰빙을 주는 생각이라면 웰빙행동은 나에게 웰빙을 주는 행동이다(김정호, 2000, 2020). 명상도 웰빙행동으로 볼 수 있다. 나에게 편안함이라는 웰빙상태를 만들어주니까. 자비기원도 나에게 따뜻한 마음, 사랑의 마음상태를 만들어주므로 웰빙행동으로 볼 수 있다. 찾아보면 다양한 웰빙행동이 있다. 웰빙의 유형에 따라 다양한 웰빙행동을 나눠볼 수 있다.

- 유쾌함이나 즐거움을 주는 행동 : 음악 듣기, 음악 들으며 춤추기, SF 영화 보기, 코미디 영화 보기, 노래 부르기, 즐거운 일 상상하기 등이 있다.
- 재미를 주는 행동 : 추리소설 읽기, 만화영화 보기, 인터넷으로 웹툰 보기 등이 있다.
- 상쾌함을 주는 행동 : 요가하기, 수영하기, 등산하기 등의 운동 외에도 이발을 하거나 미용실 다녀오기, 목욕하기 등이 있다.
- 행복감을 주는 행동 : 가족과 함께 외식하기, 요리하기, 가까운 사람에

게 선물하기, 어린 시절 사진첩 꺼내 보기, 행복한 상상하기 등이 있다.
- 편안함이나 평화로움을 주는 행동 : 명상, 성직자의 말씀을 유튜브로 시청하기, 클래식 기타 연주 듣기, 시집 읽기, 자연에서 산책하기, 미술관에서 작품을 천천히 감상하기, 고궁에서 천천히 걷기, 반신욕하기 등이 있다.
- 자신감, 용기, 의욕 등을 주는 행동 : 시련을 극복하는 영화나 다큐 시청하기, 동기부여를 돕는 유튜브 동영상 시청하기, 바라는 미래를 상상하기, 버킷리스트 작성하기 등이 있다.
- 성취감이나 보람을 주는 행동 : 현실적인 목표를 세우고 달성하기, 도서관에서 밤늦게까지 공부하기 등이 있다.

이밖에도 각자 자기만의 웰빙행동을 모아서 웰빙행동 목록을 만들어 두면 좋다. 웰빙인지까지 아우르는 웰빙 목록으로 만들어도 좋다. 위와 같이 웰빙 정서를 중심으로 작성하는 것도 좋고 스트레스를 경험할 때를 대비해서 스트레스의 각 유형에 따라 도움이 될 웰빙행동 목록을 작성해둔다. 스트레스 상황에서는 기분일치성효과로 인해 웰빙행동이 잘 떠오르지 않으므로 미리 작성한 웰빙행동 목록을 보고 주어진 상황에서 적절한 행동을 실천한다. '묻지도 따지지도 말고' 실천한다. 웰빙행동으로 일단 기분을 바꾸고 나면 자기 자신과 세상을 다르게 볼 수 있게 된다.

정보처리용량제한성을 잊지 않는다. 인간은 공정한 정보처리를 하는 데 취약하다. 감정이 강한 상태에서는 결코 의사결정을 하지 않도록 한다. 특히 부정정서 상태일 때는 일단 웰빙행동으로 평상심을 회복하고 난 후에 생각하도록 한다.

통합 수행

1분 MPPT

명상을 하려면 10분, 20분 앉아야 한다는 고정관념이 명상 자체를 실천하는 데 방해가 된다. 3분만 해도 된다. 아니 1분만 해도 된다. 아니 한 호흡 간에만 해도 된다. 잠시 짧은 시간 동안 명상, 마음챙김, 긍정심리의 통합 수행, 1분 MPPT를 한다.

　출근할 때, 퇴근할 때, 일을 시작할 때, 잠시 일을 쉴 때, 스마트폰을 사용하려고 할 때, 식사를 시작할 때, 식사를 마칠 때 등 틈나는 대로 잠시 나의 지금 여기, 몸, 호흡의 감각에 주의를 모은다. 마음챙김과 함께 '영점-나'와 접속한다. '나는 누구인가?!' '영점-나!' 잠시 '영점-나'와 접속하고 마무리는 자비기원으로 마친다.

들숨.

날숨.

지금 이 순간 살아있고 깨어 있다.

영점-나.

놀랍고 감사하다.

내가 건강하고 평화롭고 행복하고 성장하기를.

모든 사람들이 건강하고 평화롭고 행복하고 성장하기를.

평소에 틈틈이 마음챙김명상으로 '영점-나' 동일시를 꾸준히 실천한다. 호흡 감각이나 여러 행위들을 '영점-나'를 떠올리는 단서로 만든다. 마치 방송국 주파수를 맞추는 메모리 단축키처럼 '영점-나'에 접속하는 단축키로 만든다.

마모-자모

작은 모래시계가 우리의 마음챙김과 긍정심리의 수행을 돕는 도우미가
　될 수 있다.

1분짜리 모래시계면 충분하다.

모래시계에 '마모-자모'라는 이름을 붙인다.

'마모'는 '마음챙김명상의 모래시계'를 뜻하고

'자모'는 '자비 수행의 모래시계'를 뜻한다.

먼저 1분 동안 모래가 떨어지는 모습을 가만히 바라보며 마음챙김을 회
　복한다.

모래가 떨어지는 것을 바라보면서

모래가 떨어지는 모습을 보고 있음을 자각한다.

전체 의식공간을 느끼며

몸이 여기 이렇게 있고

지금 이 순간 깨어 있고 살아있고 존재함을 느껴본다.

말없이 고요히 존재하는 '영점-나'를 자각한다.

모래가 다 떨어지고 나면 다시 뒤집어 1분 동안 자기자비를 기원한다.

내가

건강하기를

평화롭기를

행복하기를

성장의 삶을 살기를

모래가 다 떨어지고 나면 다시 뒤집어 1분 동안 타인자비를 기원한다.

그가

건강하기를

평화롭기를

행복하기를

성장의 삶을 살기를

이와 같이 모래시계로 '영점-나'를 회복하며 따뜻한 '자비-나'를 양성
한다.

작은 모래시계로 수행이라는 거창한 무게감 없이 가볍게 마음챙김＋긍
정심리를 수행할 수 있다.

자주 있는 공간에 모래시계를 놓는다.

사무실이나 공부방도 좋다.

책상 위에 놓고 있다가

문득 작업하다 쉬고 싶을 때

슬쩍 뒤집어

모래가 떨어지는 모습을 가만히 바라본다.

모래가 떨어지는 시각적 감각에 주의를 모으며 욕구와 생각을 쉬고

지금-여기에 깨어 있음의 마음챙김을 회복한다.

또 한 번 슬쩍 뒤집어

나를 위한 자비

또 한 번 슬쩍 뒤집어

타인을 위한 자비

따뜻한 에너지로 마음을 채우며 그 빛을 세상에 보낸다.

열숨 미소 명상

'열숨 명상' 대신에 혹은 '열숨 명상' 후에 이어서 아래와 같이 '열숨 미소 명상'을 해도 좋다. 명상과 긍정심리의 심상법을 결합한 통합적 수행방법이다.

들숨에 '하나-' 라고 속으로 말한다.

날숨에 '미소-' 라고 속으로 말한다.

들숨에 '둘-' 이라고 속으로 말한다.

날숨에 '미소-' 이라고 속으로 말한다.

들숨에 '열-' 이라고 속으로 말한다.
날숨에 '미소-' 이라고 속으로 말한다.

이와 같이 '미소-'를 사용하면 얼굴이 이완되면서 편안해진다. '미소-' 말고도 '감사-', '사랑-', '자비-' '평화-' 등 자신의 마음에 드는 단어를 사용해도 좋다. 이렇게 하면 순수한 명상이라기보다 긍정심리적 요소가 포함된 '하이브리드 명상'인데 마음을 편안하고 긍정적으로 만들어주는 효과가 있다. 즉, 명상으로 마음을 비우고 긍정심리의 요소로 마음을 채운다. 반면에 순수한 명상은 자연스럽게 호흡 '마음챙김'명상으로 연결해서 진행하기가 더 쉬운 장점이 있다.

호흡 명상과 마무리 자비기원

호흡 명상이 끝날 때 아래와 같이 자비기원을 한 후에 마치면 좋다.

이렇게 숨을 쉬고 있고
느낄 수 있고
살아있는
신비한 존재인 나를 존중하고 사랑합니다.
이렇게 숨을 쉬고 있고
느낄 수 있고
살아있는
신비한 모든 존재들을 존중하고 사랑합니다.

내가

건강하고 평화롭고 행복하고 성장하는 삶을 살기를 기원합니다.

모든 살아있는 존재들이

건강하고 평화롭고 행복하고 성장하는 삶을 살기를 기원합니다.

상생통렌 : 부모와 리더를 위한 상생통렌

$(+) \times (+) = (+)$

$(-) \times (-) = (+)$

$+3$과 $+3$이 만나면 각각의 수보다 더 큰 $+9$가 만들어진다.

-3과 -3이 만나면 각각의 수보다 더 큰 $+9$가 만들어진다.

위와 같은 수학의 정리처럼 우리 마음의 에너지도 시너지를 만들어낸다. 긍정($+$)과 긍정($+$)이 만날 때 더 큰 긍정($+$)을 만들어내지만, 부정($-$)과 부정($-$)이 만나 더 큰 긍정($+$)을 만들어낼 수도 있다.

상생통렌 수행은 바로 상대의 부정 기운과 나의 부정 기운이 만나 더 큰 긍정의 기운을 만들어내는 훈련이다. 집, 사무실 공간의 어두운 기운을 들이마시고 내 안의 어두운 기운과 충돌시켜 밝고 따뜻한 기운을 만들어낸다.

부모라면 모름지기 가족과 함께 상생통렌 수행을 할 수 있어야 한다. 배우자와 자녀의 부정의 에너지, 집안에 스며있는 어두운 에너지를 들이마시고 자신의 어두운 에너지와 만나게 해서 긍정의 에너지, 밝고 따뜻한 에너지를 만들어낸다.

리더라면 모름지기 구성원과 함께 상생통렌 수행을 할 수 있어야 한다. 구성원의 부정의 에너지, 사무실 공간에 스며있는 어두운 기운을 들이마시고 자신의 어두운 기운과 만나게 해서 긍정의 기운, 밝고 따뜻한 기운을 만들어낸다.

상대의 고집 피움의 에너지를 들이마시고 내 안의 고집 피움의 에너지와 만나게 해서 관대하고 포용하는 너그러운 에너지를 만들어낸다. 밝고 따뜻한 너그러운 에너지가 내 안을 가득 채우고 흘러 넘쳐 집, 사무실의 공간을 가득 채우며 상대에게 흘러들어간다.

상대의 까칠하고 불친절한 에너지를 들이마시고 내 안의 까칠하고 불친절한 에너지와 만나게 해서 부드럽고 친절한 에너지를 만들어낸다. 밝고 따뜻한 친절의 에너지가 내 안을 가득 채우고 흘러 넘쳐 집, 사무실의 공간을 가득 채우며 상대에게 흘러들어간다.

상대의 불안하고 우울한 에너지를 들이마시고 내 안의 불안하고 우울한 에너지와 만나게 해서 편안하고 여유롭고 명랑한 에너지를 만들어낸다. 밝고 따뜻한 평화와 기쁨의 에너지가 내 안을 가득 채우고 흘러 넘쳐 집, 사무실의 공간을 가득 채우며 상대에게 흘러들어간다.

우리 모두 건강하기를!
우리 모두 평화롭기를!
우리 모두 행복하기를!
우리 모두 성장하기를!

상생통렌 수행(김정호, 2018a, 2020)은 통렌 수행의 변형이다. 통렌이란 준다와 받는다의 결합어로 티벳말이다. 통렌 수행은 호흡과 함께 상대의 고통을 들이마시고 상대에게 자비를 보내주는 것이다. 이것은 일반인이 따라 하기는 쉽지 않다. 상생통렌 수행은 통렌 수행을 변형해서 일반인들도 하기 쉽게 만든 것이다. 자식을 비난하며 속상해하는 어머니가 있다면 자식의 못난 점을 들이마시고 자신의 못난 점과 충돌시켜 자식과 자신의 부정적 기운을 소멸시키고 대신 긍정의 밝고 따뜻한 기운을 생성해서 자기 자신과 자식에게 흘러넘치도록 한다.

상생통렌 수행 : 혼자에서 함께로

귀갓길에 신설동역에서 성수역까지 가는 전철에서 상생통렌 수행.
이산화탄소를 들이마시고 산소를 만들어 내보내는 식물처럼
들숨에 우울을, 불안을, 화를 들이마시고 날숨에 명랑, 평화, 자비의 빛
　을 내보낸다.
날숨 때 횡격막을 아래로 밀며 아랫배를 강하게 당겨 밝고 따뜻하고 부
　드러운 에너지가 더욱 강하게 만들어져 나오게 한다.
종점인 성수역에 도착해 열차 밖으로 나오니 눈에 들어오는 세상이 더
　밝아지고 사물과 사람들이 더 또렷이 보이는 것 같다.

까칠한 기운
불친절한 기운
차가운 기운
이기적 기운
불신하는 기운
위축된 기운
어색한 기운
초조한 기운

자포자기의 기운

억울함의 기운

이 모든 부정적인 기운을 들이마시고

내 안의 부정적인 기운과 충돌시킨다.

밖의 부정적 기운과 안의 부정적 기운이 서로 충돌하며 밝고 따뜻하고
  부드러운 빛의 긍정적 기운으로 전환된다.

너그러운 기운

친절한 기운

따뜻한 기운

배려하는 기운

신뢰하는 기운

개방적인 기운

편안한 기운

여유로운 기운

생동감 넘치는 기운

해원(解冤)의 기운

날숨과 함께 밝고 따뜻하고 부드러운 빛의 기운이 더욱 강하게 생성된다.

날숨과 함께 밝고 따뜻하고 부드러운 기운이 내 온몸을 가득 채우고 계
  속해서 밖으로, 밖으로 뿜어져 나간다.

내가 우울할 때 오히려 주변의 우울을 뱃속 깊이 들이마시고 그곳에서 내 안의 우울
과 충돌시킨다. 그 충돌로 밝고 환한 기운이 생성되는 것을 느낀다. 밝고 환한 기운이
내 온 몸을 채우고 넘쳐 내 주변으로 퍼져나가는 것을 느낀다. 내가 불안할 때도 내게

분노가 차오를 때도 마찬가지다. 내 주변의 불안을, 분노를 들이마시고 아랫배 깊은 곳에서 강하게 충돌시켜 밝고 환한 에너지를 만들어낸다. 밝고 환한 강력한 에너지가 내 온 몸의 세포를 채우고 세포 하나하나에서 밝고 환한 빛이 뻗어 나와 주변으로 퍼져나가는 것을 생생하게 느낀다.

사람들은 고통을 경험할 때 마치 세상에서 나 혼자만이 고통을 겪는 듯 고통 속에 빠져 있다. 세상과 단절되어 자신의 고통을 두 배, 세 배로 키운다. 그러나 내가 고통 속에 있을 때 세상의 많은 사람들이 고통을 겪고 있다. 한번 생각해보라. 내가 우울한 마음으로 전철을 타고 있을 때 같은 전철을 타고 가는 사람들 중에 오직 나만 우울할 것 같은가. 내가 타고 있는 칸 혹은 다른 칸에 역시 우울한 사람들이 있다. 어쩌면 바로 내 옆에 앉아 가는 사람이 우울할지 누가 알겠는가.

지금도 이런저런 사연으로 우울하고 불안하고 분노를 곱씹는 사람들이 내가 사는 세상을 함께 살아가고 있다. 내가 고통스러울 때 나에게만 향해 있는 시선을 잠시 세상으로 돌려본다. 전쟁과 기아로 고통받는 먼 나라 사람들은 차치하고라도 나와 같은 나라에서 동시대를 살아가는 사람들만 생각해봐도 경제적 문제, 질병, 인간관계의 갈등, 치열한 경쟁, 삶의 공허함 등으로 고통 받는 사람들을 얼마든지 발견할 수 있다.

자기 안에 갇혀있지 않고 시야를 밖으로 넓힐 때 우리는 세상 사람들과의 연결을 회복할 수 있다. 고통이 나만의 문제가 아니라 인간의 삶에 보편적으로 주어져 있음을 깨달을 때 자신의 고통에 저항하며 두 번째, 세 번째 화살을 스스로에게 쏘는 어리석은 행동을 멈출 수 있다. 오히려 주변사람들의 고통에 관심 가질 때 나의 고통이 경감되는 것을 느낄 수 있다.

지금 이 순간에도 이곳 지구에 나와 함께 살아가고 있다.
내가 우울할 때 오히려 사람들의 우울을 들이마시고 명랑함을 내보낸다.
내가 불안할 때 오히려 사람들의 불안을 들이마시고 안심과 평화를 내보낸다.
내가 화가 날 때 오히려 사람들의 화를 들이마시고 사랑과 자비를 내보낸다.

우리는 혼자가 아니다.

우리는 모두 같은 지구별을 타고 우주를 달리고 있다.

우리 모두 건강하기를!
우리 모두 평화롭기를!
우리 모두 행복하기를!
우리 모두 성장하기를!

기다리는 시간의 수행

눈앞에서 닫히며 올라가는 엘리베이터.
자기를 탓하기도 한다.
조금만 더 빨리 걸어올걸.
남들을 탓하기도 한다.
조금만 기다려주지.

엘리베이터의 운행은 나의 욕구나 생각과는 독립적이다.
내가 빨리 내려오라고 바라거나 주문을 외운다고 더 빨리 내려오는 것
    이 아니다.
버튼을 눌렀다면 순서가 되면 내려온다.

애꿎은 엘리베이터 숫자 표시등만 노려볼 필요도 없다.
그렇다고 엘리베이터가 더 빨리 내려오지 않는다.
더 높은 층으로 올라가는 것 같고
층층이 서면서 내려오는 것 같을 뿐이다.

차라리 엘리베이터 기다리는 시간을 수행시간으로 삼는다.

잠시 주변을 느끼고

내 몸을 느끼고

내 호흡을 느끼며

지금-여기와 접속하고 마음챙김의 깨어 있음을 회복한다.

마음도 가만히 들여다보며 체크해본다.

집에서 안 좋았던 일을 아직도 담고 있지는 않은지.

직장에서의 스트레스에 여전히 짓눌려 있지는 않은지.

가족 혹은 직장사람들에게 안 좋은 마음을 전염시키지 않도록 유념한다.

가만히 나를 위한 자기자비.

건강-평화-행복-성장.

출근 중이라면 사무실 직장동료들을 생각하며

퇴근길이라면 집에서 만날 식구들을 생각하며

진심어린 타인자비.

건강-평화-행복-성장.

눈앞에서 엘리베이터를 놓친 것은 행운일 수도 있다.

고요하고 깨어 있는 마음, 따뜻한 마음이

그냥 빨리 도착했더라면 가족이나 직장동료와의 관계에서 발생했을지
   도 모를 짜증을 예방하고

조금 더 유쾌한 시간을 갖게 할 수 있다.

닫히는 엘리베이터를 간신히 얻어 타고 더 빨리 갔다고 한들 그 시간에
　무엇을 했을까?

조금 빨리 도착해도

조금 늦게 도착해도

우리에게 매일 제공되는 24시간은 조금도 늘거나 줄지 않는다.

기다리는 시간은 행운의 시간이다.

고요한 마음, 깨어 있는 마음, 따뜻한 마음을 기르는 훌륭한 기회다.

닫히는 엘리베이터를 간신히 얻어 타고 더 빨리 갔다고 한들 그 시간에 무엇을 했을
까? 우리는 시간 구두쇠라고 할 정도로 기다리는 시간을 아까워한다. 그런데 막상
TV, 스마트폰, 게임 등을 하며 시간 죽이기도 잘한다. 일상에서 자투리 시간, 기다려
야 하는 시간이 생긴다면 속으로 '아, 찬스!' 하고 소리치며 수행의 좋은 기회가 왔음
을 깨닫도록 한다.

마음에 속지 말자

마음이 힘들 때는 모든 것이 힘들게 느껴진다. 우울할 때 나는 한 없이
못난 존재로 느껴진다. 나의 인생 전체가 실패로 느껴진다. 그러나 그
럴 때 속지 말자. 마음이 하는 얘기에 속지 말자. 우리 마음은 공정한
정보처리를 하기 어렵게 되어있다. 우리가 한 번에 처리할 수 있는 정
보처리의 용량은 제한되어 있다. 특히 기분일치성효과로 인해 우울할
때는 우울한 기억과 생각만 떠오르게 된다. 7 ± 2의 작은 용량을 갖는
마음무대는 7개 정도의 우울한 생각이 떠올라도 나와 세상이 온통 우

울하게 느껴진다. 우리 마음은 공정한 정보처리를 하기가 어렵다. 특히 마음이 특정 감정에 사로잡혀있을 때는 더욱 그렇다. 마음에 속지 말자. 지금 '우울한 나'가 마음무대를 점거하고 우울한 이야기를 들려주고 있는 것이다. 섣부른 판단이나 행동은 금물이다.

이럴 때는 우선 마음무대를 바꿔야 한다. '묻지도 따지지도 말고' 마음무대를 갈아야 한다. '우울한 나'와 이런저런 얘기할 필요 없다. 괜히 우울한 얘기만 더 듣게 된다. 그렇다고 '우울한 나'를 강제로 쫓아내려고 해서도 안 된다. 괜히 '우울한 나'의 저항만 키우게 된다. '내버려두기(let-it-be)'! '우울한 나'는 마음무대에 있거나 말거나 내버려둔다. 지금은 '우울한 나'가 마음무대 위에 등장하고 있지만 마음무대 안쪽에는 여전히 '의욕적인 나', '명랑한 나', '평화로운 나', '자비로운 나' 등 '건강한 나'들이 마음무대로 불러주기만을 기다리고 있다. '우울한 나'와 실랑이하기보다 그냥 '건강한 나'를 부른다. '건강한 나'에게 조명을 비춰준다. 명상도 좋고 웰빙행동과 웰빙인지의 목록을 활용하는 것도 좋다. 감사의 묵상도 좋고 자비기원도 좋다. 마음기술의 훈련을 통해 마음무대를 자재롭게 연출하는 기술을 늘리자.

'황금박쥐' 부르기

내가 초등학교 시절을 보낸 1960년대에는 '황금박쥐'라는 만화영화가 크게 인기가 있었다. TV에서도 방영을 했고 극장에서도 상영을 했다. 주인공 격인 어린 소녀가 악의 무리로 인해 곤경에 처할 때마다 두 손을 모으고 황금박쥐를 부르며 구해달라고 말한다. 그러면 어디선가 방울소리와 함께 황금색의 박쥐가 나타나고 이어서 '으하하하하~~~~'

하는 호쾌한 소리와 함께 해골얼굴의 인간인 황금박쥐가 망토를 두르고 나타나 악의 무리를 무찌른다.

우리 마음사회에는 많은 '나'들이 산다. 때로는 불건강한 '나'들이 마음사회의 무대를 점거하기도 한다. 불안한 '나', 우울한 '나', 분노하는 '나'가 마음무대를 헤집고 돌아다닌다. 그럴 때는 건강한 '나'들을 불러보자. 그들을 교통정리해주기도 하고 다독여주기도 하고 집으로 돌려보내주기도 하는 건강한 '나'들을 불러보자. 감사하는 나, 자비로운 나, 지혜로운 나, 고요한 나, 초연한 나 등 건강한 '나'들을 불러보자. 혼자 고군분투하지 말고 건강한 '나'들을 불러보자.

건강한 '나'들은 평소에 자주 불러주어야 한다. 자주 불러주어야 마음무대 주변에 가깝게 포진하게 된다. 그래야 부를 때 금방 마음무대로 올라올 수 있다. 마음공부는 꾸준한 반복 수행이 핵심이다. 평소에 명상, 마음챙김, 긍정심리의 수행을 반복해서 실천할 때 건강한 '나'들이 한두 번의 부름만으로도 우리 마음무대에 금방 나타날 수 있다. 마치 단축키가 생긴 것처럼 한 번에 불러올 수 있다.

유머

감사와 자비의 마음이 좋은 것은 잘 알지만 모든 사람들이 감사와 자비로만 산다면 좀 답답하게 느껴질 수도 있다. 왠지 음식에 양념이 제대로 된 것 같지 않은 느낌이 들 수도 있다. 감사와 자비만 있으면 너무 달달하기만 하다고 할까. 물론 감사와 자비의 마음이 많이 모자라는 현실을 생각하면 쓸데없는 생각일 수도 있다. 그러나 감사와 자비에 유머가 함께 한다면 삶이 좀 더 재미있어질 것 같지 않은가.

유머는 생각을 쓰는 긍정심리의 마음기술로서 연습을 통해 양성할 수 있다. 무엇보다 유머의 눈으로 나와 상황을 볼 수 있을 때 특정한 관점에 빠지지 않고 나와 상황을 객관화해서 볼 수 있다. 반대도 성립한다. 나와 상황을 객관화해서 볼 수 있으면 유머로 보는 것이 더 쉬워진다. 이런 점에서 유머는 마음챙김과도 관련이 많다. 마음챙김을 할 때 나를 객관화할 수 있고 이것은 상황을 객관적으로 바라볼 수 있게 해준다. 이때 나와 상황을 너무 진지하게만 보지 않고 유머로 볼 수 있게 해준다.

유머는 특히 사람들과의 좋은 관계를 촉진하는 촉매제 역할을 한다. 말을 할 때 가급적 유머 있게 하면 좋다. 특히 곤란한 얘기를 할 때 유머로 말하는 것이 상황이나 자기 정서에 빠지지 않고 객관적 관점을 유지하는 데 도움을 준다. 상대도 말의 내용을 더 쉽게 받아들이게 된다. 상대의 불편한 말이나 행동도 유머로 받을 수 있다면 자칫 분노의 감정에 빠지지 않고 상대에게 적절한 의사전달을 할 수 있다. 이럴 때 유머는 마치 상대의 공격하는 힘을 이용해서 오히려 상대를 넘겨버리는 유도나 합기도의 기술과 같다.

보통 지혜와 자비를 양날개에 비유하기도 하는데 그렇다면 유머는 꼬리날개라고 할 수 있지 않을까. 비행기나 새에게 있어서 꼬리날개는 양날개 못지않게 하늘을 비행하는 데 중요한 역할을 하지 않는가. 유머 또한 우리 삶의 비행에서 그와 같이 중요하다. 평소에도 나와 상황을 유머로 보는 연습을 꾸준히 할 필요가 있다.

응용 : '미끼-먹이' 수행으로 스트레스-웰빙관리

반복되는 스트레스에서 벗어나자

일상에서 경험되는 스트레스의 대부분이 비슷한 형태의 반복이다. 배우자와의 관계, 부모와의 관계, 자녀와의 관계, 친구들과의 관계, 직장에서의 관계, 고객과의 관계 등에서 반복되는 스트레스가 많다. 상대로부터 똑같은 상황에서 똑같은 스트레스 반응을 나타낸다.

수시로 남들과 비교하며 스트레스를 경험한다. 남들은 강남에 집을 갖고 있어서 집값 폭등으로 엄청난 이익을 보고 자신은 상대적 박탈감을 느낀다. 또 남들은 적시에 증권투자에 뛰어들어 몇 억을 벌었다는 얘기에 기회를 놓친 자신을 자책하고 지금이라도 들어가야 하는지 고민한다. 이렇게 남들과 비교하는 행동이 일상의 행복을 파괴하고 있다는 것에 대해 어떤 돌아봄도 없다. 비슷한 비교가 매일 반복해서 돌아간다.

늘 생각이 많다. 자신의 행동에 대해 후회하거나 남들에 대해 원망하는 생각을 한다. 지나간 것을 돌이킬 수 없다는 것은 아는데도 이런 습관적 사고가 계속된다. 또 미래에 대해 끊임없이 걱정하며 시간을 소모한다. 대부분 오지도 않을 일에 대해 걱정하고 불안해한다. 물건 하나 사는데도 따져보는 것이 너무 많다.

자신이 변화하지 않는다면 늘 똑같은 행동을 하고 똑같은 경험을 하다가 지구를 떠날 것이다. 뭔가 결심을 해야 한다. 〈엣지 오브 투모로우(Edge of Tomorrow)〉에서 반복되는 두려운 상황을 피하고 도망가기만 하던 주인공 톰 크루즈가 현실을 직면하기로 결심한 것처럼. 또 〈사랑의 블랙홀(Groundhog Day)〉의 주인공 빌 머레이가 똑같은 날이 지루하게 반복되는 것을 자살로 대처하다가 현실을 받아들이기로 결심한 것처럼.

'지피지기백전불태(知彼知己百戰不殆)'라고 했다. 나를 알고 상대를 알아야 한다. 스트레스가 어떻게 만들어지는지 알아야 하고 나에 대해 알아야 한다. 스트레스의 삶을 변화시키고 싶다면 스트레스에 대해 이해하고 나를 이해하고 나를 변화시키는 기술을 배워야 한다.

스트레스의 이해

기본적으로 스트레스는 세 가지 국면에서 볼 수 있다. 첫째, 스트레스의 조건, 둘째, 스트레스의 반응, 셋째, 스트레스에 대한 대처.

스트레스라는 말은 스트레스 조건과 스트레스 반응의 두 가지 의미로 사용된다. 과중한 업무가 스트레스라고 말할 때는 과중한 업무가 스트레스 조건이라는 뜻으로 스트레스의 원인이라고 부르기도 한다. 또

김부장 때문에 스트레스 받는다고 할 때의 스트레스는 스트레스 반응의 의미다.

스트레스 반응을 일으키는 스트레스 조건은, 구성주의에서 봤듯이 밖조건과 안조건으로 나눌 수 있다. 그러나 일반적으로 사람들은 밖조건만을 스트레스 조건으로 보는 경향이 있다. 자신의 스트레스를 이해할 때는 스트레스의 밖조건만이 아니라 자신의 안조건도 고려할 줄 알아야 한다.

자신이 어떤 스트레스 조건에서 어떤 스트레스 반응을 보이는지 잘 이해해야 한다. 가정에서, 직장에서 어떤 조건에서 열을 받는지, 불안해지는지, 우울해지는지. 그때 몸에서는 어떤 반응이 일어나는지도 잘 알아야 한다. 심장이 빨리 뛰는지, 어깨가 딱딱해지는지, 손발이 차가워지는지 등 스트레스를 경험할 때 몸에서 어떤 반응을 보이는지도 알아둬야 한다.

스트레스를 경험하게 됐을 때 어떤 대처를 하는가? 스트레스 반응이 스트레스 조건에 의해 거의 자동적으로 일어나는 반응이라고 하면 스트레스 대처는 스트레스를 경험하게 됐을 때 그것에 대처하기 위해 내가 의도적으로 보이는 행동이다. 물론 많은 경우에 습관적으로 형성되어 의도의 자각 없이 반사적으로 나타나는 경우도 많다. 꾹 참기도 하고, 소리를 지르기도 하고, 문을 쾅 닫고 나가기도 하고, 원망을 하기도 하고, 과거를 들춰내기도 하고, 술을 마시기도 하고, 매운 음식을 먹기도 하고, 잠을 자기도 한다.

스트레스를 잘 관리하기 위해서는 이러한 스트레스의 세 가지 국면을 잘 이해하고 각 국면에서 스트레스 관리를 적용할 수 있어야 한다. 스트레스의 조건, 반응, 대처의 세 단계를 잘 이해하면 각 단계에서 내가 통제할 수 있는 것들이 나온다. 애당초 밖조건이든 안조건이든 스트레스의 조건을 내가 조절할 수 있다면 스트레스를 일으키지 않을 것이다. 스트레스 반응이 나타났더라도 스트레스 대처를 잘 한다면 스트레스 반응을 해소하거나 스트레스 조건을 소멸시킬 수 있다.

스트레스 관리 : '미끼 - 먹이'

스트레스의 조건이 주어질 때 그것을 알아차리지 못하고 스트레스 반응과 함께 불건강한 스트레스 대처를 자동적으로 보이고 나중에 후회하는 경우도 많다. 요즘 양육 스트레스가 어느 때보다 큰 것 같다. 평소에도 양육 스트레스가 만만치 않은데, 요즘은 코로나 사태로 어린이집도 못 보내고 학교도 못 보내다보니, 양육 스트레스가 더 커진 것 같다. 낮에는 아이들에게 버럭버럭하고 야단치고 혼내고는 저녁에는 또 반성을 한다. 내가 왜 그랬나, 나는 못난 엄마다, 나는 빵점 엄마다, 나중에 아이들이 잘못되면 어떡하지, 자존감이 낮아지고, 사회생활도 어려우면 어떡하지? 이런 생각을 하며 후회한다. 그런데 그 다음날 낮이 되면 또 버럭버럭 화를 낸다. '낮버밤반'이라는 유행어가 생길 정도다. 낮에는 아이들에게 버럭버럭 화를 내고 밤에는 반성하며 후회한다는 것이다. 이렇게 되면 삶이 전혀 변화가 없는 도돌이표다.

먼저 스트레스의 조건이 나타날 때 그것을 분명히 알아차리는 것이 필요하다. 미끼를 물면 낚싯바늘에 걸려들어 고통스럽게 된다. 미끼를 알아보고 물지 않아야 한다. 스트레스의 조건이 밖조건(외부단서)에서 먼저 유발되어 화가 나고 아이들을 야단치는 행동으로 연결될 때도 있지만, 어떤 스트레스는 안조건(내부단서)에 의해 유발되기도 한다. 특정한 생각이 떠오르면 그것이 꼬리를 물고 우울한 기분으로 발전하기도 한다. 스트레스의 조건이 나타날 때 알아차리는 것이 중요하다. 마음챙김을 통한 알아차림의 기술을 연마하는 것이 도움이 된다. 스트레스 조건을 알아차릴 때 애초에 스트레스 반응의 연쇄로 연결되지 않을 수 있다.

배부른 물고기는 미끼가 나타나도 잘 물지 않는다. 평소에 먹이를 잘 먹어두는 것도 미끼를 물고 고통으로 가지 않는 데 도움이 된다. 명상은 우리에게 마음의 평화라는 먹이를 준다. 명상으로 마음이 차분해지만 웬만한 미끼는 잘 물지 않는다. 웰빙행동, 감사-자비 수행 등 긍정심리의 여러 전략도 마음의 양식을 주므로 잘 익혀두면 미끼에 쉽게 유혹되지 않는다. '쌀독에서 인심난다.' 또는 '곳간에서 인심난다.'는 말이 있다. 평소에 내 마음의 쌀독, 내 마음의 곳간을 잘 채워두자.

미끼를 물게 되었을 때 당황하고 고개를 흔들거나 급하게 도망가는 행위를 하게 되면 낚싯바늘이 더 깊게 박히고 더 고통스럽게 된다. 미끼를 물었을 때 미끼를 물었음을 알아차려야 한다. 이때도 역시 마음챙김의 알아차림이 도움이 된다. 미끼 문 것을 알아차렸을 때 가만히 멈춰야 한다. 스트레스에 저항하지 말고 가만히 마음챙김의 지켜보기를 하는 것이 스트레스 반응을 약화시키는 데 도움이 된다. 명상이나 긍정심리의 전략들을 대처행동으로 적용하는 것도 미끼를 물었을 때 빠져나오는 좋은 방법이다. 스트레스 반응을 알아차리고 불건강한 습관적 대처행동 대신 건강한 대처행동을 개발해야 한다. 그래야 삶이 바뀐다.

마음의 곳간을 채우자

먹이를 먹으면 맛있고 배고프지 않게 된다.

그래서 '먹이'를 웰빙의 밖조건으로 비유하기도 한다.

웰빙의 밖조건이 있다고 웰빙이라는 경험이 만들어지지는 않는다.

'나'라는 안조건이 관여해야 웰빙이 만들어진다.

마치 먹이가 있어도 그것을 먹지 않으면 먹이는 맛과 배부름을 일으키지 않는다.

그러나 먹이를 먹게 되면 즐거움이 발생하게 된다.

배고픈 물고기는 미끼를 보면 바로 돌진하여 문다.

미끼인지 먹이인지 바른 분별을 할 여유가 없다.

그러나 먹이를 잘 먹어 배부른 물고기는 미끼에 별로 관심을 보이지 않는다.

심신의 컨디션이 좋지 않으면 작은 일에도 스트레스를 경험한다.

평소에 '웰빙행동'을 실천하고 '웰빙인지'를 묵상하며 '자비'를 기원하면 마음에 웰빙이 채워진다.

무엇보다 마음챙김명상으로 '영점-나' 동일시를 높이며 자족의 에너지를 채운다.

곳간에서 인심 난다.

마음의 곳간이 잘 채워져 있으면 스트레스의 역치가 올라간다.

웬만한 일에는 스트레스를 만들지 않는다.

미끼 목록

낚싯바늘이 꽂혀있는 미끼를 무는 물고기를 보고 어리석다고 생각할 수 있다. 그러나 우리 인간도 크게 다르지 않다.

일상생활에서 잘 관찰해보면 우리는 매번 똑같은 돌에 넘어지는 경향이 있다. 배우자나 자녀 혹은 직장동료나 상사의 어떤 말, 표정, 행동에 서운해지거나 짜증이 나고 화가 난다. 늘 똑같은 미끼인데도 덥석, 덥석 잘도 문다. 그리고 고통을 받는다.

평소에 자신의 행동을 잘 관찰해본다. 가능하면 관찰일지(스트레스 관찰일지)를 써보는 것도 좋다. 행동관찰을 통해 자연스럽게 자신의 '미끼 목록'을 작성할 수 있다.

어떤 상황이 혹은 누구의 어떤 말, 표정, 행동이 나에게 어떤 유형의 스트레스를 일으키는지 알 수 있게 된다. 어떤 외부단서가 주어지면 덥석 무는 반응을 보이는지 스트레스 구성의 외부단서를 '미끼 목록'으로 잘 만들어둔다.

또 어떤 내부단서가 주어지면 덥석 무는 반응을 보이는지 스트레스 구성의 내부단서를 '미끼 목록'으로 잘 만들어둔다. 자신의 내면에서 돌아가는 반복적인 부정적 생각의 속말을 잘 정리해서 쉽게 알아차릴 수 있도록 한다.

미끼 목록이 만들어지면 두 가지 유익함이 따라온다.

첫째, 미끼가 나타났을 때 미끼를 알아차리기가 훨씬 쉬워진다.

미끼를 덥석 무는 습관적 반응을 멈출 수 있다. 스트레스 구성의 단서가 나타났을 때 속으로 '미끼다!'라고 소리치는 것도 이런 건강한 멈춤을 도와준다.

둘째, 미끼와 관련된 동기와 인지를 이해하게 된다. 동기가 없다면 스트레스도 없다. 미끼를 물 때 발생하는 스트레스 너머에 어떤 동기가 있는지 가만히 숙고해본다. 속으로 '뭘 바래?!' 라고 되뇌는 것이 깊은 숙고를 도와준다. 뭘 바라기에 그런 미끼가 주어지면 덥석 물고 스트레스를 경험하게 되는지 관련된 동기가 점차 명료해진다.

미끼가 나타날 때 특정한 동기의 상태를 좌절이나 좌절 예상으로 해석하는 인지에 대해서도 잘 알게 된다. 자신의 동기와 인지에 대한 메타인지가 점차적으로 높아지면 동기와 인지를 운용하는 지혜도 따라서 깊어진다.

어떤 동기와 인지를 어떻게 수정해야 할지

어떤 동기를 추구하고 어떤 동기를 내려놓아야 할지

어떤 동기를 앞에 두고 어떤 동기를 뒤에 두어야 할지

바르게 판단하게 된다.

미끼 먹이 불이(不二)

미끼와 먹이는 둘이 아니다(不二). 똑같은 자극이 나의 선택에 따라 고통을 가져올 '미끼'가 될 수도 있고 웰빙을 가져올 '먹이'가 될 수도 있다.

'미끼 목록'의 각 '미끼' 옆에 '먹이'를 적어둔다. 특정 미끼를 만났을 때 '미끼다!' 하고 바르게 알아차리고 습관적으로 하던 무는 행동을 하지 않고 먹이를 먹는 행동을 한다.

예를 들어보자.

A는 B의 전화만 받으면 짜증이 올라와서 퉁명스럽게 받게 되고 결국

통화를 마치고 나면 기분이 좋지 않다. A의 전화방식도 기분 나쁘지만 자신이 대응하는 태도도 마음에 들지 않아 이중으로 마음이 불편한 것이다.

A는 이것이 반복되고 있음을 깨닫고 B의 전화를 자비심 내지 관대한 마음을 훈련하는 기회로 삼기로 한다. A는 기본적으로 자신의 마음을 성장시키고자 하는 성장동기가 있는 사람인 것이다.

다음에 'B의 전화 목소리'를 듣자마자 A는 '미끼다!'라고 속으로 소리치며 알아차린다. 그리고 준비한 '친절하게 말하기'를 실천한다. 이렇게 되면 'B의 전화 목소리'는 A에게 스트레스를 일으키는 미끼가 아니라 자비심 내지 관대한 마음을 함양하고자 하는 동기를 충족시키는 먹이가 된다.

이렇게 각각의 미끼에 적절한 먹이를 준비하고 위와 같이 실행에 옮기면 이제 미끼는 더 이상 미끼가 아니고 자신을 성장시키는 먹이가 된다. 한때의 걸림돌이 디딤돌이 되는 것이다.

물론 쉬운 일은 아니다. 인간은 컴퓨터 프로그램 업데이트하듯이 한 번에 바뀌지 않는다. 때로는 실패도 하면서 꾸준한 실천을 통해 변화한다. 감사한 점은 성장동기가 함께 할 때 이 과정 자체가 웰빙을 준다는 것이다. 컴퓨터 게임에서 기술치가 늘고 단계가 올라가는 것처럼.

미끼를 물었을 때 살짝 놓자

미끼가 나타났을 때 습관적으로 덥석 물었더라도
미끼를 물었음을 빨리 알아차린다.
마음챙김의 연습이 도움이 된다.

마음챙김의 알아차림은 되었어도 계속 지켜보는 힘이 아직 약하다면 일단 도망가자.

웰빙행동으로 도망가자.

작전상 후퇴다.

결코 부정정서의 상태에서 문제해결하려고 하지 않는다.

오히려 잘못된 판단으로 더 큰 부정정서를 경험하게 된다.

미끼를 물었을 때 미끼를 던진 낚시꾼과 싸우지 않는다.

살짝 미끼를 놓고 낚시꾼 모르게 나온다.

웰빙행동으로 일단 평상심을 회복한다.

먹이 목록

행동관찰을 통해 자신의 웰빙에 대한 관찰일지(웰빙 관찰일지)를 써 보면 자신의 '먹이 목록'을 작성할 수 있다. 어떤 조건, 상황이 나에게 어떤 유형의 웰빙을 가져오는지 알 수 있게 된다.

먹이 목록도 두 가지 유익함을 준다.

첫째, 평소에 자신에게 웰빙을 주는 조건을 의도적으로 스스로 만들어줄 수 있다. 우연히 주어질 때를 기다리는 것이 아니라 주체적으로 자신에게 웰빙을 주는 것이다. 먹이 목록은 스트레스를 경험할 때도 활용할 수 있다. 기분일치성효과로 인해 스트레스 상태에서는 웰빙의 조건이 잘 안 떠오르므로 적어둔 먹이 목록을 보고 의도적으로 웰빙 행동을 실천함으로써 스트레스를 다스릴 수 있다.

둘째, 먹이와 관련된 동기를 이해하게 된다. 먹이, 즉 웰빙 행동을 실천할 때 발생하는 웰빙의 너머에는 어떤 동기가 있는지에 대해서도 가

만히 숙고해본다. 속으로 '뭘 바래?!'라고 되뇌는 것이 깊은 숙고를 도
와준다. 뭘 바라기에 그런 행동을 실천하면 웰빙을 경험하게 되는지 관
련된 동기를 천착해본다.

또한 일상생활에서 웰빙의 경험에 소홀한 점은 없는지 혹은 과도하게
경험되는 웰빙은 없는지도 돌아본다.

이러한 과정에서 동기의 형성이나 상태에 관여하는 인지에 대해서도
함께 숙고해본다.

미끼 및 먹이와 관련해서 자신의 행동을 꾸준히 관찰하면 자신의 동
기와 인지 전반에 대한 메타인지가 향상된다.

이렇게 되면 동기와 관련해서 어떤 동기를 추구하고 어떤 동기를 내
려놓아야 할지, 어떤 동기를 앞에 두고 어떤 동기를 뒤에 두어야 할지,
어떤 동기를 어떻게 수정해야 할지, 동기의 바른 운영을 할 수 있다.

또한 미끼와 관련된 인지에 대한 이해도 높아진다. 미끼가 나타날 때
즉각적으로 떠오르는 인지가 무엇인지 잘 알게 되고 그 인지에 대해 바
른 평가와 판단을 할 수 있게 된다.

자신의 동기와 인지에 대한 메타인지가 향상되면 동기와 인지를 바르
게 운용하는 지혜가 깊어진다. 동기와 인지에 대한 이해가 높아지면 점
차적으로 동기와 인지를 바르게 사용하게 된다.

마음공부는 반복이 핵심이다

마음공부는 꾸준한 반복이 중요하다.
왜냐하면 우리가 평소에 키워온 습관이 있기 때문이다.
여기서 말하는 습관은 마음기술이라고 할 수 있다.

그런데 우리가 몇십 년 동안 이 지구에 살면서 익혀 놓은 마음기술이 '플러스(+) 마음기술', '마이너스(-) 마음기술'이 뒤죽박죽이다.
우리가 모르는 사이에 마이너스 마음기술을 많이 사용한다.
그러기 때문에 긍정의 플러스 마음기술을 익히기 위해서는 꾸준히 반복할 수밖에 없다.
그렇지 않으면 습관적으로 마이너스 마음기술을 쓰게 되니까 말이다.
그래서 자꾸 반복해서 공부하는 게 필요하다.

작심삼일(作心三日)이라고 했다.
플러스 마음기술을 사용하려고 마음먹어도 기존의 마이너스 마음기술이 자동적으로 습관적으로 부지불식간에 사용된다.
어느덧 플러스 마음기술은 잊힌다.
플러스 마음기술을 꾸준히 떠올리며 적용할 수 있게 하는 방법을 강구해야 한다.
가급적 삼일이 되기 전에 반복해서 작심삼일(作心三日) 할 수 있어야 한다.

마음공부에 도움이 되는 책, 동영상 등을 보는 것이 플러스 마음기술을 꾸준히 적용하며 양성하는 데 도움이 된다.
마음공부에 뜻을 같이 하는 사람들이 모임을 만들고 서로 공부를 나누는 것도 플러스 마음기술을 숙달하는 데 좋다.
혼자 마음공부를 할 때는 마음기술을 적용하며 기록을 남기는 것이 필요하다.
스마트폰의 메모장에 짧게라도 마음기술을 적용한 소감을 적어둔다.

기록을 남기면 스스로 피드백을 주는 장점이 있을 뿐만 아니라 잊지 않고 꾸준히 실천하게 해준다.

눈길 가는 곳에는 포스트잇을 붙이고 잊지 말고 플러스 마음기술을 연습해야 한다.

마음공부는 반복이 핵심이다.

참고문헌

각묵 (2004). 네 가지 마음챙기는 공부. 울산: 초기불전연구원.

김정호 (1994). 구조주의 심리학과 불교의 사념처 수행의 비교. 한국심리학회지: 일반, 13, 186-206.

김정호 (2000). 조금 더 행복해지기: 복지정서의 환경-행동 목록. 서울: 학지사.

김정호 (2002). 비합리적 인지책략과 스트레스. 한국심리학회지: 건강, 7, 287-315.

김정호 (2006). 동기상태이론: 스트레스와 웰빙의 통합적 이해. 한국심리학회지: 건강, 11(2), 453-484.

김정호 (2011). 마음챙김 명상 멘토링. 서울: 불광출판사.

김정호 (2014). 스무살의 명상책. 서울: 불광출판사.

김정호 (2015). 생각 바꾸기: 동기인지행동치료를 통한 스트레스-웰빙 관리. 서울: 불광출판사.

김정호 (2016). 마음챙김 명상 매뉴얼. 서울: 솔과학.

김정호 (2018a). 일상의 마음챙김+긍정심리. 서울: 솔과학.

김정호 (2018b). 명상과 마음챙김의 이해. 한국명상학회지, 8(1), 1-22.

김정호 (2020a). 마음챙김 긍정심리 훈련(MPPT) 워크북: 행복과 성장을 위한

8주 마음공부. 서울: 불광출판사.

김정호 (2020b). 분노는 나의 스승이다. 김정호, 서광, 전현수 (2020), 부처님의 감정수업. 서울: 불광출판사. pp.8-88.

김정호, 김선주 (2007). 스트레스의 이해와 관리(개정증보판). 서울: 시그마프레스.

Bateman, A., & Fonagy, P. (2006). Mentalization-based treatment for borderline personality disorder: A practical guide. Oxford: Oxford University Press.

Bem, D.J. (1972). Self-perception theory. In L. Berkowitz (Ed.), Advances in experimental social psychology (Vol.6). New York: Academic Press.

Kabat-Zinn, J. (1990). Full catastrophe living: Using the wisdom of your body and mind to face stress, pain, and illness. New York: Dell Publishing

Myers, D.G. (1992). The pursuit of happiness. New York: Avon Books.

Nyanaponika Thera (1962). The heart of Buddhist meditation. London: Rider.

감사의 글

사용하던 신용카드가 만료되어 새로 신청한 카드가 도착했다.

카드 신청할 때 비밀번호 입력이 제대로 되지 않아 다시 입력해야 했다.

그런데 새로 온 카드의 모양이 일반적인 카드와 다르다.

카드 번호가 돋을새김되지도 않았고 크기도 작고 희미하게 프린트 되어 있다.

ARS 안내에서는 비밀번호를 입력하기 위해서 먼저 카드 번호를 입력하라고 하니

"카드가 왜 이래. 잘 보이지도 않고…"라는 불평이 나온다.

그러자 곁에 있던 아내가 한마디 슬쩍 거든다.

"'영점-나' 하세요. 이래야 한다, 저래야 한다는 생각 내려놓으시고."

마침 카드 이름이 제로 카드여서인지 카드에 크게 'ZERO'라고 쓰여 있다.

순간

쓰러진 오뚝이 바로 서듯

마음의 중심이 바로 선다!

적절한 타이밍에 제공된 아내의 훈수(訓手).

내가 고수(高手)가 된다 해도

아내는 상고수(上高手)로 남을 것이다.

늘 곁에서 지도해준다.

감사!

마음챙김 긍정심리 훈련(MPPT)의 마음공부를 함께 하는 덕성여자대학교 대학원의 임상건강심리 연구실 제자들, 학부 제자들, 또 서울심리지원 동북센터에서 함께 공부를 나눈 워크숍 참가자들께 감사드립니다. 같이 공부함으로써 많은 것을 배우고 있습니다.

책이 멋지고 정갈하게 나오도록 디자인과 편집에 애써주신 김은실 차장께 감사드립니다. 또한 기쁜 마음으로 책을 출판해주신 (주)시그마프레스의 강학경 대표님께 감사를 드립니다.

끝으로 이 책은 덕성여자대학교 2019년 교내 연구비 지원에 의해 수행되었음을 밝히며 대학 당국에 감사의 마음을 전합니다.

지은이

김정호

고려대학교 대학원에서 심리학 박사학위를 취득했다. 현재 덕성여자대학교 심리학과 교수, 한국건강심리학회 산하 마음챙김-긍정심리연구회 회장, 서울심리지원동북센터장으로 있다. 한국심리학회장, 대한스트레스학회 이사장, 한국건강심리학회장, 서울가정법원 조정위원 등을 역임했으며, 한국심리학회 학술상을 수상했다.

- 블로그 : 마음챙김 긍정심리 훈련(MPPT)
  https://blog.naver.com/peace_2011
  명상, 마음챙김, 긍정심리 등에 관한 저자의 글들을 만날 수 있음

- 유튜브(YouTube) : MPPT 마음공부
  https://www.youtube.com/channel/UCjbp5Xfu_KDVB1vg1xvQTiQ
  명상, 마음챙김, 긍정심리 등에 관한 저자의 강의 동영상을 시청할 수 있음

- 주요 저서
  『스트레스의 이해와 관리』(김정호, 김선주), 『조금 더 행복해지기』, 『스트레스는 나의 스승이다』, 『마음챙김 명상 멘토링』, 『나로부터 자유로워지는 즐거움』, 『스무 살의 명상책』, 『생각 바꾸기』, 『마음챙김 명상 매뉴얼』, 『일상의 마음챙김+긍정심리』, 『마음챙김 긍정심리 훈련(MPPT) 워크북』, 『부처님의 감정수업』(김정호, 서광, 전현수) 등

- 주요 역서
  『받아들임』(김정호, 김선주), 『마음챙김 명상과 자기치유』(김교헌, 김정호, 장현갑), 『긍정심리학』(김정호, 김선주), 『행복심리학』(김정호, 김선주, 김완석, 박경순, 안귀여루, 최상섭) 등